西安外国语大学资助立项教材

金融科技系列教材　总主编　李村璞

大数据与金融导论

DASHUJU YU JINRONG DAOLUN

主编　刘昌菊　庞加兰

西安交通大学出版社
XI'AN JIAOTONG UNIVERSITY PRESS

内容简介

本书设计了12个章节来介绍大数据与金融相关知识，既包含浅显易懂的大数据基础技术与大数据平台设计思路，又包含大数据技术在不同金融部门的具体实践，总体上围绕金融机构的基本业务、大数据平台建设、大数据应用特色展开。具体如下：第1章是关于大数据的概论，第2章介绍大数据的主要相关技术，第3章介绍金融大数据平台设计，第4章介绍大数据技术在商业银行中的应用，第5章介绍大数据技术在证券行业中的应用，第6章介绍大数据技术在保险行业中的应用，第7章介绍大数据技术在信托行业中的应用，第8章介绍大数据技术在融资租赁中的应用，第9章介绍大数据技术在互联网金融中的应用，第10章介绍大数据技术在中央银行中的应用，第11章介绍大数据技术在征信领域中的应用，第12章介绍大数据与金融信息安全。

本书可作为普通高等院校金融相关专业的教材，也可作为相关兴趣爱好者的参考用书。

图书在版编目(CIP)数据

大数据与金融导论 / 刘昌菊，庞加兰主编. ― 西安：西安交通大学出版社，2023.4(2024.1重印)
金融科技系列教材
ISBN 978-7-5693-3091-5

Ⅰ.①大… Ⅱ.①刘… ②庞… Ⅲ.①数据处理-应用-金融业-教材 Ⅳ.①F83-39

中国国家版本馆CIP数据核字(2023)第031467号

书　　名	大数据与金融导论	
主　　编	刘昌菊　庞加兰	
责任编辑	王建洪	
责任校对	史菲菲	
装帧设计	伍　胜	
出版发行	西安交通大学出版社	
	(西安市兴庆南路1号　邮政编码 710048)	
网　　址	http://www.xjtupress.com	
电　　话	(029)82668357　82667874(市场营销中心)	
	(029)82668315(总编办)	
传　　真	(029)82668280	
印　　刷	西安五星印刷有限公司	
开　　本	787 mm×1092 mm　1/16　印张 11.5　字数 282千字	
版次印次	2023年4月第1版　2024年1月第2次印刷	
书　　号	ISBN 978-7-5693-3091-5	
定　　价	42.80元	

如发现印装质量问题，请与本社市场营销中心联系。
订购热线：(029)82665248　(029)82667874
投稿热线：(029)82665379　QQ：793619240
读者信箱：793619240@qq.com

版权所有　侵权必究

金融科技系列教材
编写委员会

总 主 编：李村璞

编委会成员：庞加兰　田　径　王新霞

　　　　　　　高　妮　康俊民　刘昌菊

　　　　　　　熊　洁　杜　颖　黄仁全

　　　　　　　张伟亮

策　　　划：王建洪

序

金融科技系列教材终于要出版了,这是西安外国语大学经济金融学院组织编写的第一套教材。我相信很多读者一定会有一个疑问,外语类院校中一个非主流的经济金融学院怎么能编写出一套合格的金融科技系列教材呢?对于这个疑问的回答,也就形成了这篇序言。

西安外国语大学经济金融学院是一个年轻的学院,学院设立刚刚10年时间。学院的老师很年轻,平均年龄36岁,这是我们的优势,也是我们的劣势。在强手如林的国内经济学界,我们要想有一点显示度,必须要励精图治,精心策划。我们这群年轻人经过认真的调研和考量,在众多的领域内选定了金融科技作为主攻方向。2018年,学院就开始了全面的筹划和实施,首先要解决的是"人"的问题。金融科技是一个新兴的领域,人才的培养并没有及时地跟上,同时一个地处西部的外语类院校要想引进金融科技的专业人才是非常困难的。我们凭借着热情和冲动,凭借着涉猎了几本书籍的薄弱基础,怀揣着对金融科技的懵懂认识,先后引进了无人驾驶汽车方向的博士、地对空导弹方向的博士、卫星图像识别方向的博士、计算机算法方向的博士,以及三个数学方向的博士和十几个金融方向的博士,按照我们初步的设想,金融科技的教学研究团队基本形成。团队形成后,首先想到的就是编写教材,一是团队想率先建立金融科技的教材体系,占领这个空白的领域;二是想系统性地梳理总结相关的内容,希望编写教材成为团队学习提高的过程。团队参考了很多学者前期的成果,很有收获,同时团队也觉得要面向市场需求,要搞清楚金融科技在相关领域的发展状态。2019年夏天,学院资助五名优秀学生前往美国华尔街,开展了为期一个月的金融科技实习活动,反馈的信息让我们清晰地触摸到了金融科技在现实商业活动中的应用状况,正是基于市场中的应用和现实需求,产生了这套金融科技系列教材体系的雏形。

这套金融科技系列教材既考虑了市场的真实需求,也是三年来教学环节反复实践的结果。这个系列由9本教材组成,包括《金融科技的语言基础——Python语言基础及金融应用初步》《大数据时代·金融营销》《大数据与金融导论》《智能金融》《金融科技概论》《区块链金融》《金融科技与现代金融市场》《量化投资技术》

《监管科技》。在编写这套教材的初期,我们就赋予了它"全媒体的概念",希望把这套教材打造成一个金融科技的全媒体学习平台,而不仅仅是一套纸质的教科书,第一版不一定能实现我们的目标,但这是我们努力的方向。

对于一个外语类院校的经济金融学院来说,编写一套金融科技教材应该是可以骄傲一回的,当我们站上讲台时,我们可以骄傲地对学生说,你们的老师一直在努力追求卓越。这套教材也许有很多不尽如人意的地方,也许还会有错误,我们真诚希望得到您的指正。

李村璞

2021 年 7 月于长安

前言

  大数据金融可以简单地理解为大数据技术为资金融通带来的创新应用。维克托·迈尔-舍恩伯格在《大数据时代：生活、工作与思维的大变革》一书中认为大数据带来的思维变革表现为追求全样本而非小样本，多为混杂性而非精确性，多为相关关系而非因果关系。这些理念上的变化使得人们认识世界和改造世界的思维方式发生改变，大数据金融主要通过专业的数据挖掘与分析技术给传统金融带来营销手段、产品创新、风险监管等多方面的创新应用。大数据技术在金融领域推广过程中，实施人员既需要了解大数据技术，还需要了解金融业务逻辑，这样才能够更好地利用大数据平台的特性建设全新一代的、高性能的金融业务系统。

  金融科技人才既需要掌握扎实的金融理论知识，又需要将前沿科技与金融实践相结合，创造性地应用大数据技术解决问题。对于金融专业的本科生来讲，他们需要深刻理解大数据引发的金融思维变革，这是大数据时代所需要的基本技能，这也会激发出他们的创新能力，从而设计出更优的金融服务模式。针对金融专业学生信息技术薄弱的特点，本书设计了12个章节来介绍大数据与金融相关知识，既包含浅显易懂的大数据基础技术与大数据平台设计思路，又包含大数据技术在不同金融部门的具体实践，总体上围绕金融机构的基本业务、大数据平台建设、大数据应用特色展开，具体安排如下：

  第1章是关于大数据的概论。本章以互联网和物联网背景下数据激增的现象，引出大数据的基本概念，分析大数据的特点，即数据量大、结构异构、价值密度低和需要实时处理的速度快。然后从各行各业应用大数据技术优化业务流程、提高生产服务效率等方面总结大数据技术应用特点，进而从国家战略角度比较各国大数据发展战略。

  第2章介绍大数据的主要相关技术。本章从基础技术即大数据采集、存储、计算概述中介绍分布式文件系统、分布式计算大数据基础技术的核心思想，重点从关联分析、聚类分析、主成分分析方面介绍典型的大数据分析技术，并介绍大数据可视化分析技术，以及机器学习的基本内容。

  第3章介绍金融大数据平台设计。本章内容承上启下，总结大数据技术，分析金融市场,从金融需求的角度,整理大数据平台设计思路,为后面各章的学习做铺垫。设计金融大数据平台是本课程教学的重点之一,也是难点内容。

第4章介绍大数据技术在商业银行中的应用。首先,从银行基本业务出发,分析商业银行对大数据平台的需求;其次,分析大数据流式计算在信用卡业务中的应用;最后,从商业银行网点优化的视角分析如何利用大数据技术提高获客能力,提升营业网点经营水平。

第5章介绍大数据技术在证券行业中的应用。除了介绍证券基本业务和大数据平台的需求外,本章重点介绍基于大数据技术的量化投资分析,从量化投资的基本概念入手,介绍量化投资的相关内容,并介绍如何利用大数据实现量化投资。此外,投资者情绪分析也是大数据技术在证券领域中一个重要的应用方向。

第6章介绍大数据技术在保险行业中的应用。利用大数据技术对保险客户进行保单管理是一个具有特色的应用方向,同时保险理赔欺诈也是保险行业难解决的问题之一,但大数据技术带来了新的解决思路,本章结合案例分析大数据技术在理赔反欺诈中的应用。

第7章介绍大数据技术在信托行业中的应用。首先,回顾信托的基本概念和主要业务,分析信托行业存在的数据问题。其次,结合资管新规对信托行业的影响,重点介绍信托业利用大数据技术创新产品服务的方法,介绍客户标签、客户画像等客户管理内容,以及消费信托的发展。

第8章介绍大数据技术在融资租赁中的应用。本章从融资租赁行业的现状出发,介绍大数据技术给融资租赁行业带来的机遇。本章介绍了融资租赁行业如何建立财务大数据系统,对企业经营状态、行业发展前景进行科学预测。

第9章介绍大数据技术在互联网金融中的应用。互联网金融的大数据特点更加突出,本章着重从信贷风险控制角度介绍大数据技术在这方面的应用,从信贷风险控制的发展方面介绍互联网背景下风控的特点及难点,以及如何利用大数据对互联网信贷业务进行风险防范。

第10章介绍大数据技术在中央银行中的应用。本章从云上央行的构建思路及作用出发,介绍大数据技术对经济调控、金融业监管的作用,同时以反洗钱为例,介绍大数据技术在央行业务中的应用特点。

第11章介绍大数据技术在征信领域中的应用。本章从个人大数据征信和企业大数据征信两个方面详细分析评价体系、各类数据来源及评价方法,然后介绍大数据技术在征信领域中的应用。

第12章介绍大数据与金融信息安全。大数据技术在金融信息安全领域是一把双刃剑,既能起到保护金融安全、维护金融发展稳定的目的,同时又可能泄露金融信息,威胁金融安全。因此,本章总结发达国家金融信息安全治理的经验,提出利用大数据技术优化我国金融信息安全的措施。

本书是西安外国语大学经济金融学院金融科技系列教材之一,可与系列中其他教材配合使用。本书的目的是为金融专业的本科生建立大数据金融的内容框架,激发学生的学习兴趣,并结合已学的金融知识,提出一些大数据平台设计、技术应用、金融业务创新的新理念。由于作者水平所限,书中难免存在一些不足,希望读者们批评指正,以期后续再版时修改与完善。

编者

2022 年 4 月

目 录

第 1 章　大数据概述 ··· 1
　1.1　大数据的起源与发展 ·· 2
　1.2　大数据的内涵及基本特点 ·· 6
　1.3　大数据在各行业中的应用 ··· 10
　1.4　国家大数据战略 ··· 15
第 2 章　大数据相关技术 ·· 21
　2.1　大数据基础技术 ··· 22
　2.2　大数据分析技术 ··· 24
　2.3　大数据可视化技术 ·· 28
　2.4　机器学习 ·· 31
第 3 章　金融大数据平台设计 ·· 40
　3.1　大数据平台建设概述 ··· 41
　3.2　金融大数据平台规划 ··· 42
　3.3　金融大数据平台建设 ··· 44
　3.4　大数据金融业务服务 ··· 47
第 4 章　大数据在商业银行中的应用 ··· 51
　4.1　传统商业银行的主要业务及数据问题 ··· 52
　4.2　商业银行大数据平台设计 ·· 56
　4.3　流式计算在信用卡实时大数据中的应用 ··· 60
　4.4　大数据优化商业银行网点服务 ··· 64
第 5 章　大数据在证券行业中的应用 ··· 70
　5.1　证券传统业务及数据问题 ·· 71
　5.2　大数据技术平台设计 ··· 74
　5.3　大数据量化投资 ··· 79
　5.4　投资者情绪分析 ··· 80
第 6 章　大数据在保险行业中的应用 ··· 84
　6.1　保险业务及数据问题 ··· 85
　6.2　保险大数据平台 ··· 88
　6.3　机动车辆保险大数据反欺诈分析 ··· 92
　6.4　大数据在保险精算中的应用 ··· 95
第 7 章　大数据在信托行业中的应用 ··· 99
　7.1　信托业及数据问题 ··· 100

7.2　信托大数据平台设计 ··· 103
7.3　客户标签管理 ··· 106
7.4　消费信托业务创新 ··· 109

第8章　大数据在融资租赁中的应用　114
8.1　融资租赁业务及数据问题 ··· 115
8.2　融资租赁行业大数据平台建设 ··· 118
8.3　大数据财务风险管控 ··· 121
8.4　大数据业务流程优化分析 ··· 122

第9章　互联网金融中大数据应用　125
9.1　互联网金融概述 ··· 126
9.2　大数据推动互联网金融商业创新 ··· 129
9.3　大数据反欺诈 ··· 131

第10章　大数据在中央银行中的应用　135
10.1　中央银行大数据概述 ··· 136
10.2　中央银行大数据平台建设 ··· 138
10.3　大数据脱敏技术 ··· 141
10.4　大数据技术在反洗钱中的应用 ··· 144

第11章　大数据征信　150
11.1　大数据征信概述 ··· 151
11.2　企业大数据信用评价 ··· 153
11.3　个人大数据信用评价 ··· 157

第12章　大数据与金融信息安全　160
12.1　金融信息安全现状 ··· 161
12.2　大数据与金融安全 ··· 162
12.3　我国大数据与金融信息安全的监管建议 ··· 165

参考文献 ··· 167

第1章 大数据概述

学习目标

掌握大数据的内涵及特征；
熟悉大数据在不同行业的应用；
熟悉各国的大数据战略。

导入案例

剑拔弩张的"余额宝时代"宣告结束
亦敌亦友的"大数据金融时代"开启

综合多方调研，《财经国家周刊》将大数据金融目前的业态区分为产业链前端的精准营销和理财推荐、中端的信用和征信体系建设，以及后端的风险控制。三种业态对应三大模式，大量企业星罗棋布，各自又与银行、P2P机构、基金公司、第三方支付以及"BAT"等互联网平台觥筹交错，蔚为大观。

邦信惠融战略发展部总经理表示，他们对大数据最多的应用就是获取客户，做到精准营销。"我们的小贷公司八成客户需要高成本从线下获取。采用大数据模型后，系统能自动推荐有需求且符合要求的新客户，成功率很高。"

在风险控制领域，大数据的应用更为广泛。阿里巴巴原安全部技术总监介绍，这几年已经产生了大批从事身份识别、地理位置分析、信用卡诈骗分析等大数据公司，一步步围拢整个金融圈。例如，全球规模庞大的信息泄露关联产业，拥有从盗取个人信息到系统自动对各大金融企业和电商网站的账号、密码进行"撞库"，再到挪走资金、非法支付和敲诈勒索等一系列黑市勾当。用大数据来反欺诈，精准及时。阿里巴巴原安全部技术总监说，他们会从各种黑客论坛、贴吧上地毯式收集数据，形成整个风险体系的联防联控。目前，一些P2P网站就与阿里巴巴建立起欺诈事实数据分享机制，一方面采用阿里巴巴的反欺诈模型，另一方面不断提供事实类数据，修正并完善模型效果。

大数据在信用、征信领域的应用更加普遍和成熟。正德人寿保险公司CIO告诉记者，物美价廉原则同样适用于金融业，尤其保险业产品要薄利多销，就必须在产品成本尤其信用体系上下功夫。同样，亿赞普集团副总裁也介绍，他们主要针对外贸企业进行"全画像"。企业结汇过程中，银行只能靠物流单、发票、合同单等基础数据，且各家银行信息割裂，导致虚假贸易横生、热钱恣意流动等严重问题。如果将企业产品的受欢迎程度、周交易量、真实发货量及发货去向等离散信息纳入统计，则可形成全方位评估。"有些企业拥有稳定客源，只需物流单据即可贷款。一些企业客户沉淀不够，回头客寥寥无几，则需要格外小心。"

资料来源：聂欧，宋怡青. 大数据金融时代[EB/OL]. (2014-10-30)[2022-07-09]. http://www.p5w.net/news/cjzh/201410/t20141030_816217.htm.

案例思考题：
1. 大数据在金融行业的应用场景有哪些？
2. 谈谈你对大数据金融的认识。

1.1 大数据的起源与发展

大数据(big data)最早是处理大数据集过程中的技术术语，指网络搜索时需批量处理或分析的数据集。1980年，阿尔文·托夫勒在其《第三次浪潮》中提出大数据将会成为信息社会发展中重要的生产要素，随着信息技术的发展，人们对数据价值进行挖掘和运用，不仅标志着数据技术可以推动生产率增长，而且也预示着大数据时代已经到来。

大数据时代

1.1.1 大数据的起源

有史以来，处理各种各样的数据都是人类社会的难题。大数据的发展历史最早可追溯到美国统计学家赫尔曼·霍尔瑞斯，他为了统计1890年的人口普查数据，发明了一台电动机器来对卡片进行识别，该机器用1年就完成了预计8年的工作，这是全球进行数据处理的新起点。1943年，英国为了快速解开德国设置的密码，组织工程师用机器进行大规模数据处理，并采用了第一台可编程的电子计算机实施计算工作。

20世纪60年代，现代数据管理实践开始起步，英国计算机科学家蒂姆·伯纳斯-李设计了超文本系统，命名为万维网，使用互联网在世界范围内实现信息共享，为数据互联互通奠定了基础。1961年，美国国家安全局首先应用计算机收集信号并自动处理情报，数字化处理磁盘信息。1964年，通用公司成功地开发出世界上第一个网状数据库管理系统，也即第一个数据库管理系统——集成数据存储(integrated data store, IDS)，其主要设计者巴赫曼(Bachman)积极推动数据库标准的制定，1973年也因此获得图灵奖，被公认为"网状数据库之父"。

1970年，IBM研究员埃德加·弗兰克·科德(Edgar Frank Codd)首次提出数据库的关系模型的概念，奠定了关系模型的理论基础。20世纪70年代末，IBM公司推出关系数据库产品SQL/DS，该数据库模型简单明了，很快成为数据库市场的主流，一直到今天都占据着数据库领域的基础地位。20世纪80年代，联机事务处理技术的发展，将分布在不同地理位置的业务处理计算机设备或网络与业务中心管理网络连接，便于在任何一个网络节点都可以进行统一、实时的业务活动，推动了数据库技术的发展。1988年，微软等三家公司研发了SQL Server数据库，其可扩展、高性能、事务处理、支持多处理器结构等特点得到了数据库市场的认可，图1-1展示了SQL Server的核心架构。20世纪80年代后期，面向对象数据库进一步推动了数据库技术的发展，是继关系数据库技术后的新一代数据管理技术，但是要取代关系数据库成为商用数据库，还需要解决性能、标准化等问题。

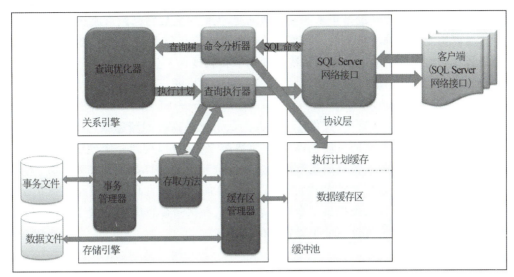

图 1-1 SQL Server 核心架构图

如图 1-1 所示，SQL Server 由关系引擎和存储引擎两部分组成，在关系引擎中最重要的组件就是查询优化器，它的任务是将查询语句生成实际的执行计划。提交给 SQL Server 的查询任务，通过网络协议层传给命令分析器，通过命令分析器检查语法是否正确，表或列在数据库中是否存在，并由查询优化器来执行。查询优化器会把编译好的执行计划放在执行计划缓存区进行缓存，执行计划被缓存后，查询执行器与存储引擎进行互动，并在执行计划里执行每个操作。缓冲管理器管理着缓冲池，缓冲池是 SQL Server 的主要内存消耗者。

由此可见，数据分析需求的历史渊源较为久远，数据库技术发展为大数据奠定了基础。但是作为一种概念和思潮，延伸到科学和商业领域，多数学者认为大数据的概念出现于 1998 年，美国硅图公司首席科学家约翰·马西（John Mashey）在一个国际会议报告中指出，随着数据量的快速增长，必将出现数据难理解、难获取、难处理和难组织等四个难题，并用"big data"（大数据）来描述这一挑战，这在计算领域引发了思考。

2004 年，以脸谱网（Facebook）、推特（Twitter）为代表的社交媒体相继问世，互联网开始成为人们实时互动、交流协同的载体，全世界的网民都开始成为数据的生产者。尤其是在社交媒体上产生的数据，大多为非结构化数据，处理起来更加困难。2007 年，数据库领域的科学家吉姆·格雷（Jim Gray）指出大数据将成为人类触摸、理解和逼近现实复杂系统的有效途径，并认为在实验观测、理论推导和计算仿真等三种科学研究范式后，将迎来第四种范式——"数据探索"，后来同行学者将其总结为"数据密集型科学发现"，开启了从科研视角审视大数据的热潮。2012 年，牛津大学教授维克托·迈尔-舍恩伯格（Viktor Mayer-Schnberger）在其畅销著作《大数据时代：生活、工作与思维的大变革》中指出，数据分析将从"随机采样""精确求解""强调因果"的传统模式演变为大数据时代的"全体数据""近似求解""只看关联不问因果"的新模式，从而引发商业应用领域对大数据方法的广泛思考与探讨。

大数据相关技术、产品、应用和标准不断发展，逐渐形成了由数据资源与应用程序接口（application programming interface，API）、开源平台与工具、数据基础设施、数据分析、数据应用等板块构成的大数据生态系统，并持续发展和不断完善，其发展热点呈现出从技术向应用再向治理的逐渐迁移趋势。经过多年来的发展和沉淀，人们对大数据已经形成基本共识：大数据现象源于互联网及其延伸所带来的无处不在的信息技术应用以及信息技术的不断低成本化。大数据泛指无法在可容忍的时间内用传统信息技术和软硬件工具对其进行获取、管理和处理的巨量数据集合，具有海量性、多样性、时效性及可变性等特征，需要可伸缩的计算体系结构以支持其存储、处理和分析。

大数据的价值本质上体现为：提供了一种人类认识复杂系统的新思维和新手段。就理论上而言，在足够小的时间和空间尺度上，对现实世界数字化，可以构造一个现实世界的数字虚拟影像，这个影像承载了现实世界的运行规律。在拥有充足的计算能力和高效的数据分析方法的前提下，对这个数字虚拟影像的深度分析，将有可能理解和发现现实复杂系统的运行行为、状态和规律。大数据为人类提供了全新的思维方式和探知客观规律、改造自然和社会的新手段，这也是大数据引发经济社会变革最根本的原因。

1.1.2 大数据技术、应用与治理

全球范围内，研究发展大数据技术，运用大数据技术推动经济发展、完善社会治理、提升政府服务和监管能力正在成为趋势。下面从技术、应用和治理三个方面来分析当前大数据的现状与趋势。

1. 大数据技术

随着数据规模高速增长，现有技术体系难以满足大数据应用的需求，且大数据理论与技术远未成熟，未来信息技术体系仍将需要颠覆式创新和变革。

随着互联网信息技术的快速发展，数据规模呈几何级数高速成长。据国际信息技术咨询企业国际数据公司（International Data Corporation，IDC）的报告，预计 2030 年全球数据存储量将达到 2500 ZB①。当前，需要处理的数据量已经大大超过数据处理能力的上限，从而导致大量数据因无法或来不及处理，而处于未被利用、价值不明的状态，这些数据被称为"暗数据"。据国际商业机器公司（IBM）的研究报告估计，大多数企业仅对其所有数据的 1% 进行了分析应用。

近年来，大数据获取、存储、管理、处理、分析等相关的技术已有显著进展，但是大数据技术体系尚不完善，大数据基础理论的研究仍处于萌芽期。首先，大数据定义虽已达成初步共识，但许多本质问题仍存在争议，例如，数据驱动与规则驱动的对立统一、"关联"与"因果"的辩证关系、"全数据"的时空相对性、分析模型的可解释性与鲁棒性等；其次，针对特定数据集和特定问题域已有不少专用解决方案，是否有可能形成"通用"或"领域通用"的统一技术体系，仍有待未来的技术发展给出答案；最后，应用超前于理论和技术发展，数据分析的结论往往缺乏坚实的理论基础，对这些结论的使用仍需保持谨慎态度。

推演信息技术的未来发展趋势，较长时期内仍将保持渐进式发展态势，随技术发展带来的数据处理能力的提升将远远落后于按指数增长模式快速递增的数据体量，数据处理能力与数据资源规模之间的"剪刀差"将随时间持续扩大，大数据现象将长期存在。在此背景下，大数据现象倒逼技术变革，将使得信息技术体系进行一次重构，这也带来了颠覆式发展的机遇。例

---

① 1 ZB=2^{70} 字节。

如,计算机体系结构以数据为中心的宏观走向和存算一体的微观走向,软件定义方法论的广泛采用,云、边、端融合的新型计算模式等;网络通信向宽带、移动、泛在发展,海量数据的快速传输和汇聚带来的网络的 Pb/s 级带宽需求,千亿级设备联网带来的 Gb/s 级高密度泛在移动接入需求;大数据的时空复杂度亟须在表示、组织、处理和分析等方面的基础性原理性突破,高性能、高时效、高吞吐等极端化需求呼唤基础器件的创新和变革;软硬件开源开放趋势导致产业发展生态的重构;等等。

2. 大数据应用

当前已有众多成功的大数据应用,但就其效果和深度而言,大数据应用尚处于初级阶段,根据大数据分析预测未来、指导实践的深层次应用将成为发展重点。按照数据开发应用深入程度的不同,可将众多的大数据应用分为三个层次。第一层,描述性分析应用,是指从大数据中总结、抽取相关的信息和知识,帮助人们分析发生了什么,并呈现事物的发展历程。如美国的 DOMO 公司从其企业客户的各个信息系统中抽取、整合数据,再以统计图表等可视化形式,将数据蕴含的信息推送给不同岗位的业务人员和管理者,帮助其更好地了解企业现状,进而做出判断和决策。第二层,预测性分析应用,是指从大数据中分析事物之间的关联关系、发展模式等,并据此对事物发展的趋势进行预测。如微软公司纽约研究院研究员 David Rothschild 通过收集和分析赌博市场、好莱坞证券交易所、社交媒体用户发布的帖子等大量公开数据,建立预测模型,对多届奥斯卡奖项的归属进行了预测。2014 和 2015 年,预测模型准确预测了奥斯卡共 24 个奖项中的 21 个,准确率达 87.5%。第三层,指导性分析应用,是指在前两个层次的基础上,分析不同决策将导致的后果,并对决策进行指导和优化。如无人驾驶汽车分析高精度地图数据和海量的激光雷达、摄像头等传感器的实时感知数据,对车辆不同驾驶行为的后果进行预判,并据此指导车辆的自动驾驶。

3. 大数据治理体系

大数据治理体系远未形成,特别是隐私保护、数据安全与数据共享利用效率之间尚存在明显矛盾,成为制约大数据发展的重要短板。各界已经意识到构建大数据治理体系的重要意义,相关的研究与实践将持续加强。

随着大数据作为战略资源的地位日益凸显,人们越来越强烈地意识到制约大数据发展的短板有:数据治理体系远未形成,如数据资产地位的确立尚未达成共识,数据的确权、流通和管控面临多重挑战;数据壁垒广泛存在,阻碍了数据的共享和开放;法律法规发展滞后,导致大数据应用存在安全与隐私风险;等等。如此种种因素,制约了数据资源中所蕴含价值的挖掘与转化。

其中,隐私、安全与共享利用之间的矛盾问题尤为凸显。一方面,数据共享开放的需求十分迫切。近年来人工智能应用取得重要进展,主要源于对海量、高质量数据资源的分析和挖掘。而对于单一组织机构而言,往往靠自身的积累难以聚集足够的高质量数据。另外,大数据应用的威力,在很多情况下源于对多源数据的综合融合和深度分析,从而获得从不同角度观察、认知事物的全方位视图。而单个系统、组织的数据往往仅包含事物某个片面、局部的信息,因此,只有通过共享开放和数据跨域流通才能建立信息完整的数据集。另一方面,数据的无序流通与共享,又可能导致隐私保护和数据安全方面的重大风险,必须对其加以规范和限制。例如,鉴于互联网公司频发的、由于对个人数据的不正当使用而导致的隐私安全问题,欧盟制定了"史上最严格的"数据安全管理法规——《通用数据保护条例》(General Data Protection Regulation, GDPR),并于2018年5月25日正式生效。《通用数据保护条例》生效后,Facebook和谷歌等互联网企业即被指控强迫用户同意共享个人数据而面临巨额罚款,并被推上舆论的风口浪尖。2020年1月1日,被称为美国"最严厉、最全面的个人隐私保护法案"——《加利福尼亚州消费者隐私法案》(California Consumer Privacy Act, CCPA)正式生效。CCPA规定了新的消费者权利,旨在加强消费者隐私权和数据安全保护,涉及企业收集的个人信息的访问、删除和共享,企业负有保护个人信息的责任,消费者控制并拥有其个人信息。在这种情况下,利用互联网平台中心化搜集用户数据,实现平台化精准营销的典型互联网商业模式将面临重大挑战。

我国在个人信息保护方面也开展了较长时间的工作,针对互联网环境下的个人信息保护,制定了《全国人民代表大会常务委员会关于加强网络信息保护的决定》《电信和互联网用户个人信息保护规定》《全国人民代表大会常务委员会关于维护互联网安全的决定》和《中华人民共和国消费者权益保护法》等相关法律文件。特别是2016年11月7日,全国人大常委会通过的《中华人民共和国网络安全法》中明确了对个人信息收集、使用及保护的要求,并规定了个人对其个人信息进行更正或删除的权利。2019年,国家互联网信息办公室发布了《数据安全管理办法(征求意见稿)》,向社会公开征求意见,明确了个人信息和重要数据的收集、处理、使用和安全监督管理的相关标准和规范。这些法律法规在促进数据的合规使用、保障个人隐私和数据安全等方面发挥着不可或缺的重要作用。然而,从体系化、确保一致性、避免碎片化方面考虑,制定专门的数据安全法、个人信息保护法是必要的。

同时,这些法律法规也在客观上不可避免地增加了数据流通的成本、降低了数据综合利用的效率。因此,如何兼顾发展和安全,平衡效率和风险,在保障安全的前提下,既不因噎废食,又不会对大数据价值的挖掘利用造成过分的负面影响,是当前全世界在数据治理中面临的共同课题。

1.2 大数据的内涵及基本特点

1.2.1 大数据的内涵

大数据的首次应用可以追溯到19世纪末期的一次人口普查。在那次人口普查中,美国统计学家赫尔曼·霍尔瑞斯借助一台电动读卡器用1年时间完成了原需8年时间完成的工作任务。在互联网和信息技术快速发展的时代背景下,美国率先对数据处理做了归纳,"大数据"一词由此诞生。2011年5月,全球著名咨询机构麦肯锡公司发布报告《大数据:创新、竞争和生产力的下一个前沿》,这是大数据领域第一份来自专业机构的分析报告。这篇报告指出,大数据已经渗透到全球范围内的每一个行业和业务职能领域,成为重要的生产因素;人们对海量数据的挖掘和运用,预示着新一波生产率增长和消费者剩余浪潮的到来。2012年3月,美国发布《大数据研究和发展倡议》,标志着大数据已经成为重要的时代特征。美国政府高度重视数据资产的价值,将数据定义为"未来的新石油",并表示一国拥有数据的规模、活性,以及解释、运用数据的能力将成为国家层面竞争力的重要来源。数字主权成为继边防、海防、空防之后体现综合国力的一个全新且重要的领域。

我国在战略层面高度重视大数据发展。2011年12月,工信部把信息处理技术作为物联网发展的4项关键技术之一,其中包括海量数据存储、数据挖掘、图像视频智能分析等,而这些技术已是大数据技术的重要组成部分。2015年9月,国务院印发《促进大数据发展行动纲要》,明确推动大数据的发展和应用,计划在未来5~10年打造精准治理、多方协作的社会治理新模式,建立运行平稳、安全高效的经济运行新机制,构建以人为本、惠及全民的民生服务新体系,开启大众创业、万众创新的创新驱动新格局,培育高端智能、新兴繁荣的产业发展新生态。2016年3月,《中华人民共和国国民经济和社会发展第十三个五年规划纲要》发布,其中,第二十七章"实施国家大数据战略"指出把大数据作为基础性战略资源,全面实施促进大数据发展行动,加快推动数据资源共享开放和开发应用,助力产业转型升级和社会治理创新。2017年1月,工信部编制印发《大数据产业发展规划(2016—2020年)》,以强化大数据产业创新发展能力为核心,明确了强化大数据技术产品研发、深化工业大数据创新应用、促进行业大数据应用发展、加快大数据产业主体培育、推进大数据标准体系建设、完善大数据产业支撑体系、提升大数据安全保障能力等7项任务,提出大数据关键技术及产品研发与产业化工程、大数据服务能力提升工程等8项重点工程,研究制定了推进体制机制创新、健全相关政策法规制度、加大政策扶持力度、建设多层次人才队伍、推动国际化发展等5项保障措施。

大数据如此重要,那究竟什么是大数据?关于大数据的内涵界定尚没有形成一致性结论。研究机构高德纳(Gartner)给出这样的定义:大数据是指无法在一定时间范围内用常规软件工具进行捕捉、管理和处理的数据集合,是需要新处理模式才能具有更强的决策力、洞察发现力和流程优化能力的海量、高增长率和多样化的信息资产。麦肯锡公司将大数据定义为一种规模大到在获取、存储、管理、分析方面大大超出了传统数据库软件工具能力范围的数据集合,具有海量的数据规模、快速的数据流转、多样的数据类型和价值密度低等四大特征。大数据时代的预言家、《大数据时代:生活、工作与思维的大变革》的作者维克托·迈尔-舍恩伯格给出的解释或许更易于理解。他认为"大数据"是指不用随机分析法(抽样调查)这样的捷径,而对所有数据进行分析处理;大数据并不是很大或者很多的数据,并不是一部分数据样本,而是针对某个现象或事项的所有数据。例如,关于一家企业的数据信息,除企业名称、法人代表、注册资本、经营范围等基本信息外,还包括财务信息、经营信息、外部关联关系、诚信状况等信息。

综合现有研究观点,本书界定大数据的内涵为:大数据是围绕某一对象或现象的所有数据的集合,规模巨大、传递迅速、类型多样,且超出了常规数据软件的捕捉、管理和处理能力。认识大数据,要把握"资源、技术、应用"三个层次:大数据是具有体量大、结构多样、时效强等特征的数据;处理大数据需采用新型计算架构和智能算法等新技术;大数据的应用强调以新的理念应用于辅助决策、发现新的知识,更强调在线闭环的业务流程优化。因此,大数据不仅"大",而且"新",是新资源、新工具和新应用的综合体。

1.2.2 大数据的基本特点

2001年,麦塔集团(META Group)分析师Douglas Laney提出"3D数据管理"观点,认为大数据将往高速、多样、海量3个方向发展,提出了大数据的3个特征——高速性(velocity)、多样化(variety)、规模大(volume),统称为3V。3V特征是大数据最具代表性的特征,被麦肯锡、IBM、微软等多家公司认可。国际数据公司(International Data Corporation)在定义大数据技术时便引用了3V特征:"大数据技术是新一代的技术与架构,它被设计用于在成本可承受的条件下,通过非常快速的采集、发现和分析,从大体量、多类别的数据中提取价值"。大数据的4V特征是在3V基础上增加了价值维度,强调大数据总体价值大,但价值密度低,即规模大(volume)、多样化(variety)、高速性(velocity)和价值化(value),合称为4V。另外,还有一种大数据特征观点"4V+1O",在4V的基础上加1个O,即数据在线(online),强调数据永远在线,能随时调用和计算,是有别于传统数据的特性之一。随着大数据技术的不断发展,数据类型和结构愈加复杂,在4V特征基础上又增加了准确性(veracity)、动态性(vitality)、可视化(visualization)和合法化(validity),大数据的特征表现最终拓展到8V(见图1-2)。

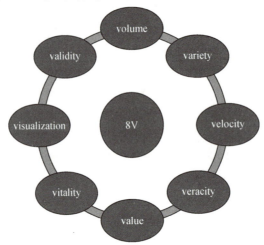

图1-2 大数据的8V特征表现

第一,规模大(volume)。数据的规模大小决定了数据蕴含的潜在信息和价值。随着信息技术的高速发展,数据呈现爆发性增长,存储单位从过去的GB、TB,发展到现在的PB、EB、ZB级别[①]。社交网络(如微博、推特、脸谱网)、移动网络、智能工具、服务工具等都成为数据的来源。脸谱网10亿用户每天产生日志数据超过300 TB,淘宝网4亿会员每天产生商品交易数据20 TB,苏宁、京东等互联网金融巨头基本都沉淀了PB级的数据量。大数据科学家John Rauser指出,大数据是超过了任何一台计算机处理能力的庞大数据量。

第二,多样化(variety)。随着传感器、智能设备以及社交协作技术的飞速发展,数据类型变得更加复杂,不仅包含传统的结构化数据,还包含来自网页、互联网日志文件(如点击流数据)、搜索引擎、社交媒体论坛、电子邮件、文档、主动和被动系统的传感器等原始、半结构化和非结构化数据。数据格式涵盖了文本、图片、音频、视频、模拟信号等不同类型。数据不仅产生于组织内部运作的各个环节,也来自组织外部。例如,北京市交通智能化分析平台数据来自路网摄像头/传感器、公交、轨道交通、出租车以及省际客运、旅游、化危运输、停车、租车等运输行业,还有问卷调查和地理信息系统数据。

第三,高速性(velocity)。大数据是一种以实时数据处理、实时结果导向为特征的解决方案,它的"高速性"体现在两个层面:一是快速生成数据。有的数据产生是爆发式的,如欧洲核子研究中心的大型强子对撞机,在工作状态下每秒产生PB级的数据;有的数据产生是涓涓细流式的,但是用户众多,短时间内产生的数据量依然非常庞大,如点击流、日志、射频识别数据、

---

① 注:1024 GB = 1 TB,1024 TB = 1 PB,1024 PB = 1 EB,1024 EB = 1 ZB。

GPS位置信息等。二是快速处理数据。大数据有批处理("静止数据"转变为"正使用数据")和流处理("动态数据"转变为"正使用数据")两种范式，以实现快速的数据处理。

第四，价值化(value)。较之于传统的小数据，大数据的最大价值在于从大量不相关的各种类型数据中筛选出对未来趋势与模式预测有价值的数据，通过机器学习、人工智能或数据挖掘等方法深度分析，发现新规律和新知识，并应用于农业、医疗、金融等各个领域。大数据可以实时地为企业撷取、管理、处理、整理数据，生成企业所需的数据资料，因此大数据蕴含着很高的商业价值，被称为"数字生产力"。比如，物流领域的数据量是非常巨大的，包括来自企业、港口、运载工具、互联网等的数据，借助大数据来分析集装箱移动信息，物流企业便能知晓哪些港口有剩余运载量，哪些港口吞吐量大，应在哪个港口部署海运业务等。

第五，准确性(veracity)。数据的重要性在于其对决策的支持作用，而能否为决策提供帮助并不在于数据的规模，数据的真实性和准确性才是获得真知和思路的最重要因素。追求高质量数据是大数据面临的一项重要挑战，即使最优秀的数据清理方法也无法消除某些数据固有的不可预测性，如人的情感和忠诚度、天气形势、经济因素以及未来变化。在处理此类数据时，尽管存在不确定性，数据仍然包含宝贵的信息。我们必须承认、接受大数据的不确定性，并确定如何充分利用这一点。例如，采取数据融合技术，通过结合多个可靠性较低的数据来源创建更准确、更有用的数据。

第六，动态性(vitality)。大数据是基于互联网的实时动态数据，而不是历史的或严格控制环境下产生的内容。由于数据资料可以随时随地产生，因此数据的采集不应当是阶段性的，而应该保持动态性和实时性。不仅数据收集具有动态性，而且数据的存储技术、处理技术也可以随时更新，即数据管理也具有动态性。数据管理涵盖了数据存储和数据提取等多个步骤。数据采集过后，可利用关系、键值、文档、图片、多媒体等属性不同进行标签和归类，预处理后形成数据集在数据库中进行分类存储。动态的数据管理不仅要求在数据库层面形成动态趋势，而且要在整体的数据管理中利用自动化和区块化技术细分和筛选必要数据，保持数据新鲜度，并撤除旧数据的影响。

第七，可视化(visualization)。数据可视化旨在根据数据的特性(如时间信息、空间信息)，找到合适的可视化方式，如利用图表(chart)、图形(diagram)和地图(map)等将数据直观地展现出来，同时找出包含在海量数据中的规律或者信息。数据可视化技术利用计算机对抽象信息进行直观表示，以利于快速检索信息和增强认知能力。大数据时代，大规模、高纬度、非结构化数据层出不穷，要将这样的数据以可视化形式完美展示出来，传统显示技术已很难实现；而高分高清大屏幕拼接可视化技术具有超大画面、纯真彩色、高亮度、高分辨率等优势，结合数据实时渲染技术、GIS空间数据可视化技术，可以实现数据实时图形可视化、场景化以及实时交互。

第八，合法化(validity)。合法化特征强调数据采集和应用的合法性，特别是对个人隐私数据的合理使用。大数据应用的基础资源是包括个人信息和商业数据在内的海量数据，可能涉及的法律问题包括个人信息保护、商业秘密保护、著作权保护、不正当竞争以及计算机信息系统安全等。信息社会对个人信息保护和商业秘密保护提出了更高的要求，在数据获取中应遵循法定规则，在数据流动和私权保护之间寻找适度的平衡。

1.3 大数据在各行业中的应用

1.3.1 大数据与电子商务

电子商务企业产生的数据量以级数倍增长,单凭直觉制定关键决策带来的风险较大,需要分析其核心业务数据及不断增大的数据规模给企业带来的挑战。随着数据处理工具智能化程度的逐渐提高,许多大型电子商务公司已经把大数据分析看成一项必不可少的工作内容,灵活运用各种数据分析手段提炼商业价值已经成为电子商务企业在大数据时代背景下的一门必修课。

1. 电子商务的大数据需求

(1) 提高企业竞争优势。庞大的数据集往往很难用传统的数据库管理工具进行处理,这些数据包括访问网页、登录、在线交易等,企业应使用相应工具对数据进行压缩和筛选,实施大数据策略,仅展现与特定内容相关的数据。企业通过大数据技术采集、存储和分析用户在社交媒体上发表的售后体验,改变业务模式,可以提高质量,改进服务。企业不仅应存储大数据,还应开发、利用大数据,挖掘出大数据蕴藏的巨大价值。企业应根据消费群体的喜好、行为细分市场,提供个性化的产品,组织有针对性的营销活动,从而在竞争中增加优势。

(2) 深度挖掘数据价值。电商可通过深度分析业务数据,增强与消费者互动,以利用大数据提高品牌忠诚度。商家承诺产品与服务,消费者获得好的体验和价值,商家才能最终获得可观的销量和实在的利益。大数据的价值潜力来自数据挖掘,大数据在经济上的应用依赖规模效应,因此,商家需要具有大数据理念,主动开发大数据的价值。

商家可以利用已有品牌建立互动的网络社交平台,成立网络社区,完善商业网站。在商家的社区网站中,消费者与企业员工以及其他消费者互动,如果得到反馈,这种网络之间的人际沟通会给品牌带来好处,促使消费者增进对品牌的归属感,产生信赖的感觉。可见,社交平台可促使商家赢得市场,刺激消费者增加支出,其效果超过传统模式,有利于商家进行宣传活动。

2. 大数据给电子商务带来的机遇

大数据、社交媒体、云计算、文化产业的相互联动,能够促进电子商务的转型升级,将给电子商务带来新的机遇。电子商务转型升级的基本方向具体如下:

(1) 由销量制胜到数据制胜。在发展的初级阶段,电子商务强调销量、人气,到了高级阶段,聚集庞大的数据成为主要方面,由销量制胜转变为数据制胜。例如,亚马逊公司一直在行业里面遥遥领先,是与其庞大的数据积累有密切关联的。电子商务公司可以将数据实现规模化,更大程度地增加用户黏度。

(2) 由规模化制造走向规模化定制。大数据时代,通过数据挖掘,互联网企业研究人类生活方式的变化,包括购买习惯和购买偏好并满足这些个性化需求。制造类企业或服务类企业解决了原来个性化需求和大规模制造之间的矛盾,从而提供更有效的解决方案。在大规模定制的情况下,电子商务平台下一步可能会成为所有制造类和服务类企业的整合者,也就成了标准的制定者。

(3) 由平台为主到综合内容与平台。现在人们的生活方式向娱乐、休闲、购物一体化转变，因此电子商务企业的业务发展应考虑这些变化，提供休闲娱乐、视频、音乐、购物、金融服务等综合业务，从而形成综合体验价值。

(4) 由资产并购到数据整合。目前围绕大数据的整合并购加速发展，如阿里入股新浪微博、百度收购PPS，都是平台企业收购内容企业，以实现内容和平台的综合化，并购的外在形式是资产、股权的重组，而实际数据资源的共享、数据规模的扩展是其内在的本质。

1.3.2 大数据与现代农业

1. 农业大数据来源

农业大数据类别复杂，以农业领域为核心（涵盖种植业、林业、畜牧水产养殖业、产品加工业等子行业），逐步拓展到相关上下游产业（饲料、化肥、农药、农机业、仓储、屠宰业、肉类加工业等），并整合宏观经济数据、进出口数据、农产品价格数据、生产数据、气象和灾害数据等。从地域来看，农业大数据以国内区域数据为核心，借鉴国际农业数据作为有效参考，不仅包括全国层面数据，还涵盖省市数据，甚至地市级数据，可以为区域农业发展研究提供基础；从广度来看，农业大数据不仅包括统计数据，还包括涉农经济主体基本信息、投资信息、股东信息、专利信息、进出口信息、招聘信息、媒体信息、地理空间坐标信息等；从专业性来看，农业大数据应分步构建农业领域的专业数据资源，进而应逐步有序规划专业的子领域数据资源。

2. 大数据技术在农业中的应用

大数据技术在农业中的应用指的是农业大数据各应用系统、应用平台的开发，为上层管理和服务提供应用支撑。根据目前农业大数据的主要来源，可以将其应用领域归纳为以下几个方面：

(1) 农业生产过程管理方面的应用。运用大数据的先进技术对农业各主要生产领域在生产过程中采集的大量数据进行分析处理，进而提供"精准化"的农资配方、"智慧化"的管理决策和设施控制，达到农业增产、农民增收的目的。

(2) 农业资源管理方面的应用。农业资源除了土地、水等自然资源之外，还包括各种农业生物资源和农业生产资料。我国虽然地大物博，但可以进行农业生产的资源已越来越少。从目前农业基础实际状况来看，有必要运用物联网、大数据等先进技术对农业资源进一步优化配置、合理开发，从而实现农业的高产优质和节能高效。

(3) 农业生态环境管理方面的应用。农业生态环境具体包括土壤、大气、水质、气象、污染、灾害等，需要对这些农业环境影响因子实现全面监测、精准化管理。

(4) 农产品安全管理方面的应用。农产品安全管理涉及产地环境、产前产中产后、产业链管理、储藏加工、市场流通、物流、供应链与溯源系统等食品链的各个环节，通过对农产品质量安全监管信息的分析处理，以实现食品安全风险的预警及质量安全突发事件的应急管理。

(5) 农业装备与设施监控方面的应用。运用物联网、大数据等先进技术，提供农业装备和设施在运作情况下状态的监控、远程诊断以及服务调度等方面的智能化管理和应用。

(6) 提供各种农业科研活动产生的大数据应用。农业科研产生的大数据包括空间与地面的遥感数据，还有如基因图谱、大规模测序、农业基因组数据、大分子与药物设计等大量的生物实验数据,利用大数据技术对科研试验进行分析,能够更好地指导农业生产活动。

在上述各类应用中,农业生产过程、农业资源与生态环境、农产品质量安全、农产品市场流通各环节的监测和预测是重点应用方向。农业作为中国的基础产业,面临着农产品需求不断增加、资源紧缺、气候变化导致灾害频发、生态安全脆弱、生物多样性持续下降等严峻挑战,夯实以农业物联网、云计算技术为核心的农业信息化基础,提升以大数据为支撑的农业信息化服务,可以开拓智慧农业新局面,实现农业现代化和信息化的跨越式发展。

大数据技术在稻虫病防治中的应用

1.3.3 大数据与现代工业

1. 工业大数据的意义

工业大数据是工业互联网的核心要素。《中国制造 2025》规划中明确指出,工业大数据是我国制造业转型升级的重要战略资源,需要针对我国工业自己的特点有效利用工业大数据推动工业升级。一方面,我国是世界工厂,实体制造比重大,但技术含量低、劳动密集、高资源消耗制造的比重也大,实体工厂和实体制造升级迫在眉睫;另一方面,我国互联网产业发展具有领先优势,过去十多年消费互联网的高速发展使互联网技术得到长足发展,互联网思维深入人心,需要充分发挥这一优势,并将其与制造业紧密结合,促进制造业升级和生产性服务业的发展。

2. 工业大数据的特点

相对于其他类型大数据,工业大数据还具有反映工业逻辑的多模态、强关联、高通量等新特征。多模态是指工业大数据必须反映工业系统的系统化特征及其各方面要素,包括工业领域中"光、机、电、液、气"等多个学科、多专业信息化软件产生的不同种类的非结构化数据。比如,三维产品模型文件不仅包含几何造型信息,还包含尺寸、工差、定位、物性等其他信息;同时,飞机、风机、机车等复杂产品的数据又涉及机械、电磁、流体、声学、热学等多个学科和专业。

强关联反映的是工业的系统性及其复杂动态关系,不是数据字段的关联,本质是指物理对象之间和过程的语义关联,包括产品部件之间的数据关联,生产过程的数据关联,产品生命周期设计、制造、服务等不同环节数据之间的关联以及在产品生命周期的统一阶段涉及的不同学科不同专业的数据关联。

高通量即工业传感器要求瞬时写入超大规模数据。嵌入了传感器的智能互联产品已成为工业互联网时代的重要标志,用机器产生的数据代替人产生的数据,实现实时的感知。从工业大数据的组成体量上来看,物联网数据已成为工业大数据的主体。

大数据技术在炉温控制中的应用

1.3.4 大数据与现代服务业

1. 现代服务业中的数据需求

近年来,我国社会服务信息化、网络化、智能化程度不断加深,大数据与现代服务的深度结合应用,使得现代服务的内容、方式、规模、途径等都有了较大改变,服务成效有明显提升。2020年10月,党的十九届五中全会审议通过了《中共中央关于制定国民经济和社会发展第十四个五年规划和二〇三五年远景目标的建议》,其中强调推动互联网、大数据、人工智能等同各产业深度融合。"互联网+大数据"与现代服务的结合点在于,通过传感技术、计算技术、通信技术、数据分析技术和人工智能技术等现代信息技术,依托网络、数据和云计算,实现服务的主体和对象摆脱时间和空间的制约,在大多时空条件下都能够提供和得到普遍化、多样化的服务,满足实时性、个性化的服务需求。

2. 大数据技术在现代服务中的应用

在宏观层面,利用大数据技术建立服务信息数据库、数据交互网络、数据分析网络等,以此进行数据的深度挖掘和应用,为政府和社会提供各种规范化、精准化的社会服务提供预判。因此,可以将大数据的处理技术引入现代服务体系之中,打造"1+3+N"的服务体系。"1"是1个信息化数据处理平台,按照数据主体进行分类,可以分为政府数据、企业数据、社会组织数据和个人数据四种;"3"是3大服务参与主体,包括服务供给方(政府)、互联网社会服务平台和服务需求方(社会服务对象);"N"是多个信息收集端口,既有按照教育、医疗、家政等领域划分的端口,又有按照地域人群类别划分的端口。

在微观层面,利用互联网技术,具体包括现代智能连接、感知、交互、云平台、人工智能等技术,将外界提供的服务以智能化、便捷化的形式传递给城乡居民,打通服务资源传递的"最后一公里",实现资源的节约化和高效化。

大数据改造的服务体系,对于政府而言,可以促进政府在社会服务领域的职能转变,加快实现服务领域治理体系和治理能力现代化的步伐。对于参与服务项目的各互联网平台机构而言,通过服务对象的精准区分、服务需求的精准定位,平台能够找准市场定位,提供区别于政府服务的个性化需求。对于社会服务对象而言,他们既享受到了更加快捷优质的社会服务,又获得了因服务差距缩小带来的公平感和满足感。

大数据在社会服务中的应用

1.3.5　大数据与金融

1. 大数据金融的概念

大数据金融指依托于海量、非机构化的数据，通过互联网、云计算等信息化方式，对数据进行专业化的挖掘和分析，并与传统金融服务相结合，开展资金融通和金融服务。

与传统金融不同，大数据金融不仅可以带来金融服务，还可以直接促进产品创新，以及实现用户体验的舒适变化。大数据金融不断创造新的经营管理模式和业务处理方法，明显改善金融服务提供商的组织结构，根据用户特征预测数据需求与管理模式，增加产品创新力来源，提高信用，影响风险特征，等等，显著丰富了金融体系的多样性。

2. 大数据金融的特点

(1) 创新产品内容，扩大服务边界。在大数据金融时代，大量的金融产品和服务通过网络来展现，包括固定网络和移动网络。其中，移动网络将会逐渐成为大数据金融服务的一个主要通道。随着法律、监管政策的完善，随着大数据技术的不断发展，将会有更多、更加丰富的金融产品和服务通过网络呈现。支付结算、网贷、P2P、众筹融资、资产管理、现金管理、产品销售、金融咨询等都将主要通过网络实现，金融实体店将大量减少，其功能也将逐渐转型。

通过网络化呈现的金融产品，对消费者而言，可控制、可接受。可控制，是指风险是可控制的。可接受，是指收益（或成本）和流动性也是可接受的。同时，网络化呈现背景下，金融服务边界也会扩大。

大数据金融的高效率性及服务边界的扩展，使金融服务的对象和范围也大大扩展，金融服务也更接地气。例如，极小金额的理财服务、存款服务，便于群众支付结算的服务，甚至极小金额的融资服务也会普遍发展起来，传统金融服务中的小额金融服务在大数据金融时代完全可以实现。

(2) 通过互联网媒介降低信息不对称。在大数据金融时代，金融产品和服务的消费者和提供者之间信息不对称程度大大降低。消费者通过互联网反馈对金融产品（服务）的支持和评价，而金融部门可实时获知该信息。

大数据金融服务过程无疑是高效率的。许多流程和审批都是在线上发起和完成的，甚至有些是自动实现的。大数据金融服务可以实现在合适的时间，合适的地点，把合适的产品以合适的方式提供给合适的消费者。同时，强大的数据分析能力可以提高金融业务的效率，也可大幅降低交易成本。

(3) 优化基于大数据的风险管理理念和工具。在大数据金融时代，风险管理理念和工具也将调整。例如，在风险管理理念上，财务分析（第一还款来源）、可抵押财产或其他保证（第二还款来源）的重要性将有所降低。交易行为的真实性、信用的可信度通过数据的呈现方式将会更加重要，风险定价方式将会出现革命性变化。对客户的评价将是全方位的、立体的、活生生的，而不再是一个抽象的、模糊的客户构图。基于数据挖掘的客户识别和分类将成为风险管理的主要手段，动态、实时的监测而非事后的回顾式评价将成为风险管理的常态性内容。

权属问题是金融数据流通面临的最大障碍

1.4 国家大数据战略

面对世界百年未有之大变局和新一轮科技革命和产业变革深入发展的机遇期,世界各国纷纷出台大数据战略,开启大数据产业创新发展新赛道,聚力数据要素多重价值挖掘,抢占大数据产业发展制高点。

1.4.1 美国大数据战略

美国是全球最早关注大数据的国家之一。不仅仅是 IBM、谷歌等高科技企业关注大数据,政府部门也极为重视大数据。2009 年,美国开通政府数据门户网站,要求各联邦机构将需依法公开的数据和文件按照统一标准分类整合,上传至该网站,供用户集中检索。它的开通实现了政府信息的集中、开放和共享,极大方便了美国各界对政府数据的利用,也为启动国家大数据战略奠定了思想基础、技术基础和数据基础。

2010 年 12 月,美国总统科技顾问委员会公开发布了题为"数字未来设计"的报告,强调大数据具有重要战略意义,数据爆炸式增长将带来管控和利用困境,但联邦政府在大数据技术方面的投入不足,应加大投资,将大数据列为优先发展事项。可见,美国政府部门对大数据的关注度进一步提升。

2011 年,美国国家科学研究委员会专门成立"大数据高级督导组(Big Data Senior Steering Group,BDSSG)",负责确定联邦政府当前需要开展的大数据研发任务,做好部门间的工作协调,制定远景目标。此后,BDSSG 在大数据战略推进中发挥了重要作用。2012 年 3 月,BDSSG 负责起草的《大数据研发倡议》由白宫科技政策办公室正式对外发布,这标志着美国在全球率先将大数据上升为国家战略。

《大数据研发倡议》提出了三大目标:一是要发展前沿核心技术,以满足搜集、存储、防护、管理、分析和共享海量数据的要求;二是利用上述技术,推动科学与工程领域的发明创造,增强国家安全,转变教育方式;三是储备人力资源,以满足发展大数据技术的需求。

2016 年 5 月,美国发布《联邦大数据研发战略计划》,这是继 2012 年 3 月美国政府发布《大数据研发倡议》后的又一个国家大数据战略性文件。《联邦大数据研发战略计划》面向的对象是联邦机构,尤其是涉及数据科学研发、密集型数据应用、大规模数据管理的机构,其主要内容包括七项战略,每一项都从重要性、主要内容、典型案例、注意事项等方面进行了阐述,主题分别聚焦新兴技术、数据质量、基础设施、共享机制、隐私安全、人才培养、相互合作。

2019 年 12 月 23 日,美国政府发布《联邦数据战略 2020 年行动计划》,以政府数据治理为主要视角,描述了联邦政府未来 10 年的数据愿景和 2020 年需要采取的关键行动。

《联邦数据战略2020年行动计划》由使命、原则、实践三部分内容构成,并针对各项实践提出具体行动,从多个层面打造有序、高效的数据治理文化。

《联邦数据战略2020年行动计划》确立了40项数据管理的具体实践,分为三个层面:第一,重视数据并促进共享,如通过数据指导决策、促进各机构间数据流通等;第二,保护数据,如保护数据的真实性、完整性和安全性;第三,有效使用数据,如增强数据分析能力、促进数据访问形式多样化等。

《联邦数据战略2020年行动计划》分为3类行动方案:第一类是机构行动,共6项内容,每项内容由单一机构完成,旨在改善各机构内部的数据能力;第二类是团体行动,共4项内容,每项内容由若干个机构围绕同一主题协同执行;第三类是共享行动,共10项内容,每项内容由单一机构或协会主导,利用跨机构资源的行动,为政府范围内的所有机构提供数据治理的工具和指南。此20项具体行动将帮助美国政府更快、更一致地实现其战略目标,逐步建立强大的数据治理体系。

1.4.2 英国大数据战略

2013年10月31日,英国发布《把握数据带来的机遇:英国数据能力战略》。该战略由英国商业、创新与技术部牵头编制,旨在抢占信息经济条件下,英国在数据挖掘和价值萃取中的世界领先地位,为英国公民、企业、学术机构和公共部门创造更多收益。为实现上述目标,该战略从强化数据分析技术、加强国家基础设施建设、推动研究与产研合作、确保数据被安全存取和共享等几个方面做出了部署,并做出11项明确的行动承诺,确保战略目标真正得以落地。

2020年9月9日,英国数字、文化、媒体和体育部发布《国家数据战略》,支持英国对数据的使用,帮助该国经济从疫情中复苏。

《国家数据战略》将设定五项"优先任务",研究英国如何利用现有优势来促进企业、政府和公民社会对数据的使用。政府必须充分利用这些任务来发挥数据带来的机会,创建一个蓬勃发展、快速增长的数字行业,以促进经济发展。五项任务分别为:释放经济中的数据价值,确保促进增长和可信的数据体制,转变政府对数据的使用以提高效率并改善公共服务,确保数据所依赖的基础架构的安全性和弹性,倡导数据的跨境流动。

《国家数据战略》阐明了英国如何释放数据的力量,为处理和投资数据以促进经济发展建立了框架。总体而言,《国家数据战略》中确定的步骤是基于英国发展现状来推动更好、更安全、更具创新性的数据使用,通过数据使用推动经济增长,改善社会公共服务,从而使英国成为下一轮数据驱动型创新的领导者。

针对英国在数据使用中遇到的诸多障碍,《国家数据战略》提出了"四大支柱"以解决这些问题,具体如下。

(1)数据基础:只有在数据符合使用目的,以标准格式记录在现代化并面向未来的系统上,同时能够可发现、可访问、可互操作、可重用时,其价值才能真正实现。提高数据质量可以提高使用效率,并获得更好的见解和结果。

(2)数据技能:要充分利用数据,必须具备丰富的数据技能。需要教育系统提供合适的技能培训,确保人们可以继续发展所需的数据技能。

(3) 数据可用性：为了使数据产生最有效的影响，需要适当地访问、转移和重用数据。因此，应鼓励在公共部门、私营部门和第三方之间更好地协调、访问和共享数据，并确保对国际数据流动进行适当的保护。

(4) 数据责任：必须确保以合法、安全、公平、合乎道德、可持续、负责任的方式使用数据，同时还要支持创新和研究。

1.4.3 欧盟大数据战略

2020年2月19日，欧盟发布《欧洲数据战略》，其包括背景介绍、关键点、愿景、问题、战略、国际路径、结论以及附录（欧洲战略部门和公共利益领域公共数据空间创建计划）等八个部分。

《欧洲数据战略》概述了欧盟未来五年实现数据经济所需的政策措施和投资策略。欧盟委员会的目标是创建一个单一的数据空间——一个真正的数据单一市场且面向世界开放，其中个人和非个人数据（包括敏感的业务数据）都是安全的，企业也可以轻松访问无限的高质量工业数据，并利用数据促进经济增长、创造价值，同时最大限度地减少人为碳排放和环境破坏。

《欧洲数据战略》从构建跨部门治理框架、加强数据投入、提升数据素养和构建数据空间方面提出四大支柱性战略措施，并就扩大国际影响力提出一项具体做法。

1. 构建欧洲数据存取和使用的跨部门治理框架

为解决部门、成员国间步调不一所导致的碎片化问题，欧盟推动构建一个跨部门治理框架。一是构建"共同欧洲数据空间治理立法框架"，以解决部门内部和部门间数据互操作和公共数据开放等问题。二是着力推动高质量公共数据再利用，以支撑中小企业发展。三是探讨通过立法明确数字经济各参与方的关系，鼓励跨部门横向数据共享，如明确数据使用规则、评估知识产权框架等。

2. 加大数据投资，强化数据基础设施建设

欧盟将加大数据投资，强化欧洲在数字经济方面的技术主权。一是投资重大影响力项目——开发共同欧洲数据空间和互联云基础设施，支持建立共同欧洲数据空间，整合资源解决信任问题。二是在欧盟GDPR[①]等法律法规基础上，制定"云规则手册"，为欧盟用户构建有竞争力、安全和公平的云服务市场。三是利用"地平线欧洲"等科研计划，加大数据技术研发投入，重点支持隐私保护技术、工业和个人数据空间支撑技术等。

3. 赋权个人数据，提高数据技能投入

欧盟将强化个人数据权，推动公众数据技能和中小企业能力培养。一是支持个人提升对其数据（个人数据空间）的控制权，如强化GDPR规定的数据可携带权，以实现对系统生成个人数据的更强控制。二是加大对公众数据素养的投入，如"数字欧洲计划"预计到2025年将为欧盟及其成员国补充50万数字专家，"欧盟技能增强计划"预计到2025年将把欧盟基本数字技能人口从57%提高到65%。三是支持中小企业能力建设，如"地平线欧洲"、"数字欧洲方

---

① 指《通用数据保护条例》（General Data Protection Regulation，GDPR）。

案"、欧洲结构和投资基金将为中小企业创造更好发展机会。

4. 在战略部门和公共领域构建共同欧洲数据空间

作为数据治理框架和相关措施的补充,欧盟将推动在战略经济部门和公共利益领域发展共同的欧洲数据空间。除已有的欧洲开放科学云外,欧盟还将支持建设覆盖工业(制造业)、绿色协议(环保)、移动、卫生、金融、能源、农业、公共管理、技能等九大领域的数据空间。这些数据空间将提供大量数据池,以及支持数据使用和交换的配套工具和基础设施,从而为在不同部门复制相同的治理概念和模型提供支撑。

5. 采取开放积极的国际化做法

欧盟将坚持核心价值观,积极参与国际合作,不断扩大国际影响力。一是保护欧盟数据处理规则和标准,维护欧洲企业的权益,促进可信国家间的数据传输和共享。二是构建欧洲数据流量分析框架,为欧盟数据处理部门提供分析工具,支撑相关政策制定。三是依托有效的数据监管和政策框架,吸引其他国家和地区的数据存储和处理业务,促进数据空间的高附加值创新。四是通过在多边平台打击数据滥用行为等方式,积极宣传欧洲标准和价值观,在全世界推广欧洲模式。

1.4.4 中国大数据战略

党中央、国务院高度重视大数据产业发展,推动实施国家大数据战略。习近平总书记就推动大数据和数字经济相关战略部署、发展大数据产业多次做出重要指示。工业和信息化部会同相关部委建立大数据促进发展部际联席会议制度,不断完善政策体系,聚力打造大数据产品和服务体系,积极推进各领域大数据融合应用,培育发展大数据产业集聚高地。经过多年的努力,我国大数据产业快速崛起,逐步发展成为支撑经济社会发展的优势产业,数据资源"家底"更加殷实,数据采集、传输、存储基础能力显著提升,大数据产品和服务广泛普及,特别是在疫情防控和复工复产中发挥了"急先锋"和"主力军"的作用。

2014年3月,大数据首次写入中央政府工作报告;2015年8月,国务院印发《促进大数据发展行动纲要》;2015年10月,党的十八届五中全会正式提出"实施国家大数据战略,推进数据资源开放共享"。这表明我国将大数据视作战略资源并上升为国家战略,运用大数据推动经济发展、完善社会治理、提升政府服务和监管能力。

2017年1月,工业和信息化部印发了《大数据产业发展规划(2016—2020年)》。

2018年5月,习近平总书记在向中国国际大数据产业博览会的贺信中指出,我们秉持创新、协调、绿色、开放、共享的发展理念,围绕建设网络强国、数字中国、智慧社会,全面实施国家大数据战略,助力中国经济从高速增长转向高质量发展。

2020年3月印发的《中共中央 国务院关于构建更加完善的要素市场化配置体制机制的意见》首次将数据写入生产要素。

2021年3月,《中华人民共和国国民经济和社会发展第十四个五年规划和2035年远景目标纲要》(以下简称"十四五"规划)正式发布。"十四五"规划对大数据战略作出了全面部署,推动大数据与社会各领域深度融合发展,强调要迎接数字时代,激活数据要素潜能,推进网络强国建设,加快建设数字经济、数字社会、数字政府,以数字化转型整体驱动生产方式、生活方式和治理方式变革。同时,"十四五"规划提出培育壮大包括大数据在内的新兴数字产业,鼓励企业开放搜索、电商、社交等数据,发展第三方大数据服务产业等。

2021年11月15日,工业和信息化部发布《"十四五"大数据产业发展规划》。《"十四五"大数据产业发展规划》以习近平新时代中国特色社会主义思想为指导,深入贯彻党的十九大和十九届二中、三中、四中、五中、六中全会精神,立足新发展阶段,完整、准确、全面贯彻新发展理念,构建新发展格局,以推动高质量发展为主题,以供给侧结构性改革为主线,以释放数据要素价值为导向,围绕夯实产业发展基础,着力推动数据资源高质量、技术创新高水平、基础设施高效能,围绕构建稳定高效产业链,着力提升产业供给能力和行业赋能效应,统筹发展和安全,培育自主可控和开放合作的产业生态,打造数字经济发展新优势,为建设制造强国、网络强国、数字中国提供有力支撑。

《"十四五"大数据产业发展规划》的发展目标为:①产业保持高速增长。到2025年,大数据产业测算规模突破3万亿元,年均复合增长率保持在25%左右,创新力强、附加值高、自主可控的现代化大数据产业体系基本形成。②价值体系初步形成。数据要素价值评估体系初步建立,要素价格市场决定,数据流动自主有序,资源配置高效公平,培育一批较成熟的交易平台,市场机制基本形成。③产业基础持续夯实。关键核心技术取得突破,标准引领作用显著增强,形成一批优质大数据开源项目,存储、计算、传输等基础设施达到国际先进水平。④产业链稳定高效。数据采集、标注、存储、传输、管理、应用、安全等全生命周期产业体系筹发展,与创新链、价值链深度融合,新模式新业态不断涌现,形成一批技术领先、应用广泛的大数据产品和服务。⑤产业生态良性发展。社会对大数据认知水平不断提升,企业数据管理能力显著增强,发展环境持续优化,形成具有国际影响力的数字产业集群,国际交流合作全面深化。

《"十四五"大数据产业发展规划》的主要任务为:加快培育数据要素市场、发挥大数据特性优势、夯实产业发展基础、构建稳定高效产业链、打造繁荣有序产业生态、筑牢数据安全保障防线。

《"十四五"大数据产业发展规划》的保障措施为:提升数据思维、完善推进机制、强化技术供给、加强资金支持、加快人才培养、推进国际合作。

实施国家大数据战略 加快建设数字中国

 课后习题

一、名词解释

大数据　大数据金融　结构化数据　非结构化数据

二、简述题

1.简述大数据技术内涵。

2.简述大数据产业内涵。

3. 简述大数据的特点。
4. 为什么用"大浪淘金"形容大数据?
5. 简述大数据在电子商务领域中的应用特点。
6. 简述大数据在农业领域中的应用特点。
7. 简述大数据在工业领域中的应用特点。
8. 试比较各国大数据战略的特点。
9. 试述我国《"十四五"大数据产业发展规划》的发展目标。
10. 查找相关资料,试述我国《"十四五"大数据产业发展规划》的重点任务。

第 2 章　　大数据相关技术

学习目标

掌握大数据相关技术的基本概念；
掌握大数据分析、降维、分类技术流程；
熟悉机器学习的分类及流程。

导入案例

余杭经济技术开发区278位企业"首席数据官"上岗

"公司一直在尝试进行数字化改造，但随着业务的拓展，我们现在使用的联运数据管理系统还需要不断地优化和调整。"近日，浙江联运知慧科技有限公司副总经理黄正多了一个新头衔——"首席数据官"，他说："这下好了，通过开发区组织的培训以及与其他企业'首席数据官'之间的交流，我们可以学到更多数据管理方面的成功经验，让信息化成为提高企业竞争力的核心力量。"

"首席数据官"是余杭经济技术开发区为推进产业数字化发展，在规模以上工业企业内设置的一个数字化改造管理专岗。考虑到部分企业不知如何进行有效的数字化改造，2019年，余杭经济技术开发区建立企业首席数据官制度，通过帮助企业培养一名专职人员，赋能企业转型升级。

像黄正一样获得"首席数据官"新头衔的，在余杭经济技术开发区共有278位。他们主要由企业内管理层人员担任，不仅要对外学习了解数字化发展新趋势，而且要统筹协调好数字化改造方案的具体"落地"，为企业高质量发展提供相应的建议。

"不同的企业有不同的数字化改造需求。"余杭经济技术开发区产业发展局有关负责人说，开发区始终坚持企业为主体，将不定期组织"首席数据官"外出参观，并提供沙龙、讲座等学习机会，深化服务，主动把数字化改造方面的优质资源送到企业中去，引领企业结合自身实际情况进行提升改造。

依托培养"首席数据官"来激发区域产业数字化发展的动能，这是余杭经济技术开发区在推进"三服务"工作中的一次重要实践，也是大力实施"新制造业计划"中的创新之举。

近年来，余杭经济技术开发区深入实施"机器换人""工厂物联网"和"企业上云"等专项行动，通过变革和创新企业的生产方式，全力发展高端装备制造业。接下来，还将积极推进春风动力、西奥电梯等无人工厂建设，以标杆示范企业为引领，推动量大面广的中小企业也进行数字化转型，为杭州市打造数字经济第一城、余杭区打造数字经济第一区提供可复制的经验。

资料来源：余杭经济技术开发区278位企业"首席数据官"上岗[N].杭州日报，2019-11-19.

案例思考题：

1. 如何认识"首席数据官"这一工作岗位？
2. 余杭经济技术开发区在企业内设置"首席数据官"具有哪些重大意义？

2.1 大数据基础技术

各种移动互联网数据、社交网络数据等，形成结构化和非结构化的海量数据是零散的，即所谓的数据孤岛，这些数据并没有什么意义，大数据技术则是将这些数据资源整合深加工，形成具有价值的信息。因而，大数据技术包括基本的数据采集、数据存储、数据计算、数据分析等内容。本节主要介绍数据采集、数据存储和大数据计算模式等内容，下一节将重点讲述数据分析。

2.1.1 数据采集

RFID 数据、传感器数据、用户行为数据、社交网络交互数据及移动互联网数据等结构化、半结构化及非结构化的海量数据是信息社会的主要数据类型。信息社会的数据不但种类多、类型繁杂、数据量大，并且产生的速度快，因而传统的数据采集方法不能胜任。所以，大数据采集技术面临着许多挑战，不仅需要保证数据采集的可靠性和高效性，同时还要避免重复数据。

大数据采集是指利用多个数据库来接收发自客户端（web、App 或传感器等）的数据过程，并且可以通过这些数据库进行查询和处理工作。大数据采集过程的主要特点和面对的挑战是并发量大，因为同时可能会有成千上万的用户在进行访问和操作，例如，火车票售票网站和淘宝的并发访问量在峰值时可达到上百万，所以在采集端需要部署大量数据库才能应对，同时，在这些数据库之间进行负载均衡和分片是需要深入思考和设计的。针对不同的数据源，大数据采集方法有以下几大类。

1. 数据库采集

传统企业会使用传统的关系型数据库 MySQL 和 Oracle 等来存储数据。随着大数据时代的到来，Redis、MongoDB 和 HBase 等 NoSQL 数据库也常用于数据的采集。企业通过在采集端部署大量数据库，并在这些数据库之间进行负载均衡和分片，以完成大数据采集工作。

2. 系统日志采集

系统日志采集主要是收集公司业务平台日常产生的大量日志数据，供离线和在线的大数据分析系统使用。高可用性、高可靠性、可扩展性是日志收集系统所具有的基本特征。系统日志采集工具均采用分布式架构，能够满足每秒数百兆字节的日志数据采集和传输需求。

3. 网络数据采集

网络数据采集是指通过网络爬虫或网站公开 API 等方式从网站上获取数据信息的过程。网络爬虫会从一个或若干个初始网页的 URL[①] 开始，获得各个网页上的内容，并且在抓取网

---

① 指统一资源定位符（uniform resource locator，URL），是互联网上标准资源的地址。

页的过程中,不断从当前页面上抽取新的URL放入队列,直到满足设置的停止条件为止。这样可将非结构化数据、半结构化数据从网页中提取出来,存储在本地的存储系统中。

4. 感知设备数据采集

感知设备数据采集是指通过传感器、摄像头和其他智能终端自动采集信号、图片或录像来获取数据。大数据智能感知系统需要实现对结构化、半结构化、非结构化的海量数据的智能化识别、定位、跟踪、接入、传输、信号转换、监控、初步处理和管理等。其关键技术包括针对大数据源的智能识别、感知、适配、传输、接入等。

2.1.2 数据存储

随着数据量极大增长,传统的数据存储能力不足,单台设备不能及时响应海量数据,因此,大数据存储技术主要体现在分布式存储、非关系型数据库存储和云数据库存储等方面。

1. 分布式存储系统

分布式存储系统,是将数据分散存储在多台独立的设备上。传统的网络存储系统采用集中的存储服务器存放所有数据,存储服务器成为系统性能的瓶颈,也是可靠性和安全性的焦点,不能满足大规模存储应用的需要。分布式存储系统采用可扩展的系统结构,利用多台存储服务器分担存储负荷,利用位置服务器定位存储信息,它不但提高了系统的可靠性、可用性和存取效率,还易于扩展。

2. 非关系型数据库存储系统

NoSQL数据库泛指非关系型的数据库。关系数据库已经无法满足Web2.0的需求,主要表现为:无法满足海量数据的管理需求、无法满足数据高并发的需求、高可扩展性和高可用性的功能太低。而NoSQL数据库的优势为:可以支持超大规模数据存储,灵活的数据模型可以很好地支持Web2.0应用,具有强大的横向扩展能力等。

3. 云数据库存储系统

云数据库是基于云计算技术发展的一种共享基础架构的方法,是部署和虚拟化在云计算环境中的数据库。云数据库具有高可扩展性、高可用性、采用多租形式和支持资源有效分发等特点。云数据库的特征包括:①动态可扩展;②高可用性;③较低的使用代价;④易用性;⑤高性能;⑥免维护;⑦安全。从数据模型的角度来说,云数据库并非一种全新的数据库技术,只是以服务的方式提供数据库功能。云数据库所采用的数据模型可以是关系数据库所使用的关系模型,且同一个公司也可能提供采用不同数据模型的多种云数据库服务。

2.1.3 大数据计算模式

由于数据量的急剧增加,因此使用者需要根据不同类型的数据,进行计算处理。大数据计算模式通常有批处理计算、流计算和图计算模式。

1. 批处理计算

批处理计算是针对大规模数据进行批量计算,主要技术有MapReduce、Spark等。其中,MapReduce是面向大数据并行处理的计算模型、框架和平台,是一个并行计算与运行软件框架。它提供了一个庞大且设计精良的并行计算软件框架,能自动完成计算任务的并行化处理,自动划分计算数据和计算任务,在集群节点上自动分配和执行任务以及收集计算结果,将数据分布存储、数据通信、容错处理等并行计算涉及的很多系统底层的复杂细节交由系统负责处理,大大减少了软件开发人员的负担。它借助于函数式程序设计语言Lisp的设计思想,提供了一种简便的并行程序设计方法,用Map(映射)和Reduce(归约)两个函数编程实现基本的并行计算任务,提供了抽象的操作和并行编程接口,以简单方便地完成大规模数据的编程和计算处理。

"Map"和"Reduce"是MapReduce的主要思想。MapReduce可以理解为把一堆杂乱无章的数据按照某种特征归并起来,然后处理并得到最后的结果。

MapReduce执行商品销售统计

2. 流计算

传统数据处理过程中,总是先收集数据,然后将数据放到数据库中,当人们需要的时候再查询,进行相关处理。但是,当需要分析实时数据价值时,例如,根据客户浏览信息,实时推荐产品,要求处理速度快,有实时分析结果反馈,显然,传统的数据处理过程不能满足这样的需求,而流计算却很好地解决了这一问题。流计算是指对大规模流数据进行实时分析,获得可能有用的信息,并把结果发送到下一个计算节点。

3. 图计算

图(graph)是用于表示对象之间关联关系的一种抽象数据结构,使用顶点(vertex)和边(edge)进行描述,顶点表示对象,边表示对象之间的关系。可抽象成用图描述的数据即为图数据。图计算便是以图作为数据模型来表达问题并予以解决问题的过程,以高效解决图计算问题为目标的系统软件称为图计算系统。

2.2 大数据分析技术

数据分析指的是用适当的统计分析方法对收集来的大量数据进行分析,为提取有用信息和形成结论而对数据加以详细研究和概括总结的过程。根据大数据的特点,大数据分析技术主要包括关联分析、分类分析、聚类分析、降维分析等。

2.2.1 关联分析

关联分析用于描述多个变量之间的关联。如果两个或多个变量之间存在一定的关联,那么其中一个变量的状态就可以通过其他变量进行预测。

1. 回归分析

回归分析是最常用的统计分析方法之一。回归分析反映了数据库中数据的属性值的特性，通过函数表达数据映射的关系来发现属性值之间的依赖关系。它可以应用到对数据序列的预测及相关关系的研究中去。例如在市场营销中，回归分析可以被应用到各个方面。通过对本季度销售的回归分析，对下一季度的销售趋势做出预测并针对性改进营销策略。

2. 关联规则分析

关联规则是隐藏在数据项之间的关联或相互关系，即可以根据一个数据项的出现推导出其他数据项的出现。关联规则的挖掘过程主要包括两个阶段：第一阶段为从海量原始数据中找出所有的高频项目组，发现频繁项集是指通过用户给定的最小支持度，寻找所有频繁项集，即找出不少于用户设定的最小支持度的项目子集；第二阶段为从这些高频项目组中发现关联规则，发现关联规则是指通过用户给定的最小置信度，在每个最大频繁项集中寻找置信度不小于用户设定的最小置信度的关联规则。

相对于第一步来讲，第二步的任务相对简单，因为它只需要在已经找出的频繁项集的基础上列出所有可能的关联规则。由于所有的关联规则都是在频繁项集的基础上产生的，已经满足了支持度阈值的要求，所以第二步只需要考虑置信度阈值的要求，只有那些大于用户给定的最小置信度的规则才会被留下来。

3. 相关分析

相关分析用以分析社会经济现象间的依存关系，其目的是从现象的复杂关系中消除非本质的偶然影响，从而找出现象间相互依存的形式和密切程度，这在实际工作中运用十分广泛。相关分析的主要内容包含以下方面。

(1)确定现象之间有无关系，以及相关关系的密切程度。在现实生活中，许多现象之间的关系并非是十分清晰的，这包括相关的方向和程度，如影响大学生就业率的因素有多种，其中包括在校学习成绩、修读专业、考证数量、实习时间、面试场次等。通常情况下，多是根据主观经验判断其影响性，但这些因素对就业率的影响方向和程度到底是怎样的，此时需要运用定量分析更为确切地予以判断，相关分析便可帮助实现这一目的。

(2)判断变量之间相关关系的表现形式是否为线性。在实际生活中，现象之间的相关关系并非总是呈现出线性关系。在不少情况下，非线性关系更为贴近现实表现。如某人吃饭的数量与其所获效用之间的关系便是如此，在初始时，随着吃饭数量的增加，此人所获满足感的效用也不断增加，应该说此时二者之间是正向的关系，但是当吃到一定程度时，比如吃饱时，随着吃饭数量的增加，此人的食用效用将呈下降趋势，此时，二者之间呈反向的关系，因此总的来说，二者之间的关系更像是一种倒 U 形的曲线关系。但是，相关分析只能判断出变量之间相关关系的表现形式是否为线性，并不能准确判断出非线性关系的具体形式。

(3)选择合适的数学模型。确定了现象间确实具有相关关系且相关程度较高时，则可选合适的数学模型，对变量之间的联系做出近似的描述。

(4)进行相关关系的显著性检验，用以反映变量回归的效果。

啤酒与尿不湿相关性分析

2.2.2 分类、聚类分析

当面对大量数据的时候,人们总试图将大量的数据进行划分,然后对依次划分的数据群组进行分析,分类和聚类就是常用的两种数据划分技术。在应用中,人们常常没有过多地去区分这两个概念,觉得聚类就是分类,分类也差不多就是聚类。然而,这两者之间有着本质的区别,接下来就具体探讨一下分类与聚类在数据挖掘中的区别。

所谓分类(classification),就是按照某种标准给对象贴标签(label),再根据标签来区分归类;而聚类,则是在事先没有标签的情况下,通过某种聚集分析,找出事物之间存在聚集性原因的过程。

从机器学习上看,分类作为一种监督学习方法,它的目标在于通过已有数据的确定类别,学习得到一个分类函数或分类模型(也常常称作分类器),该模型能把数据库中的数据项映射到给定类别的某一个类中。简单地说,就是在进行分类前,得到的数据已经标示了数据所属的类别,分类的目标就是得到一个分类的标准,使得能够更好地把不同类别的数据区分出来。如图2-1所示,分类分析的目的就是要找出区分深色数据和浅色数据的标准,分类分析的过程就是算法不断递进,使得标准更为准确的过程。

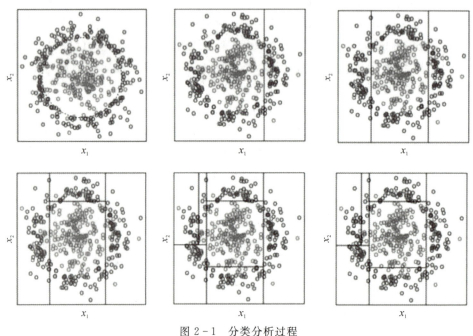

图 2-1 分类分析过程

与分类技术不同,在机器学习中,聚类是一种无指导学习。如图 2-2 所示,聚类是在预先不知道分类的情况下,根据信息相似度原则进行信息聚类的一种方法。聚类的目的是将大量的数据通过"属于同类别的对象之间的差别尽可能小,而不同类别上的对象的差别尽可能大"的原则进行分类。因此,聚类的意义就在于将观察到的内容组织成类或分层总结,把类似的事物组织在一起。通过聚类分析,人们能够识别密集的和稀疏的区域,因而发现全局的分布模式,以及数据属性之间的有趣的关系。

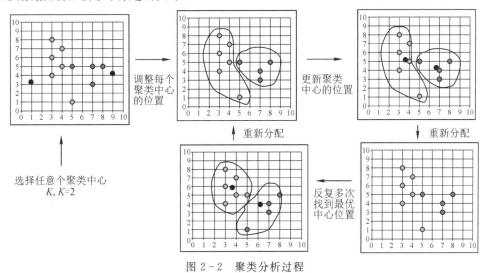

图 2-2 聚类分析过程

分类作为一种监督学习方法,要求必须事先明确知道各个类别的信息,并且断言所有待分类项都有一个类别与之对应。但是很多时候,在进行数据分析的时候,事前并不能得到各个类别的信息。那么在这个时候,就需要使用聚类分析的方法,通过聚类分析,将数据进行分类,去识别全局的分布模式,更好地探索不同类别数据属性之间的区别和联系,从而找到数据的区分标识,并以此来进行更好的数据分类分析工作。

分类分析案例

2.2.3 降维分析

针对大数据规模量大的特征,需要对数据进行缩减,一方面筛选种类,删除条目,另一方面减少描述数据的属性达到缩减的目的,这就是降维技术。

1. 主成分分析

主成分分析(principal component analysis, PCA)是找出几个综合变量来替代原来众多变量,使这些综合变量尽可能地代表原来变量的信息,而且彼此不相关。这种把多个变量化为少数几个互不相关的综合变量的统计方法称为主成分分析,是一种常见的数学降维方法。

PCA 的主要思想是将 n 维特征映射到 k 维上,这 k 维是全新的正交特征,也被称为主成分,是在原有 n 维特征的基础上重新构造出来的 k 维特征。PCA 的工作就是从原始的空间中按顺序地找一组相互正交的坐标轴,新的坐标轴的选择与数据本身是密切相关的。其中,第一个新坐标轴选择原始数据中方差最大的方向,第二个新坐标轴选择与第一个坐标轴正交的平面中使得方差最大的方向,第三个新坐标轴选择与第一、二个坐标轴正交的平面中使得方差最大的方向。依次类推,可以得到 n 个这样的坐标轴。通过这种方式获得的新的坐标轴,大部分方差都包含在前面 k 个坐标轴中,后面的坐标轴所含的方差几乎为 0。于是,可以忽略余下的坐标轴,只保留前面 k 个含有绝大部分方差的坐标轴。事实上,这相当于只保留包含绝大部分方差的维度特征,而忽略包含方差几乎为 0 的特征维度,从而实现对数据特征的降维处理。

2. 因子分析

因子分析是主成分分析的推广和发展,它是从研究原始数据相关矩阵内部依赖关系出发,把一些具有错综复杂关系的多个变量综合为少数几个因子,并给出原始变量与综合因子之间相关关系的一种多元统计分析方法,也是多元分析中降维的方法。

因子分析有两个核心问题:一是如何构造因子变量,二是如何对因子变量进行命名解释。因子分析有下面 4 个基本步骤:

(1) 确定原有若干变量是否适合于因子分析。因子分析的基本逻辑是从原始变量中构造出少数几个具有代表意义的因子变量,这就要求原有变量之间要具有比较强的相关性,否则,因子分析将无法提取变量间的"共性特征"。实际应用时,可以使用相关性矩阵进行验证,如果相关系数小于 0.3,那么变量间的共性较小,不适合使用因子分析。

(2) 构造因子变量。因子分析中有多种确定因子变量的方法,如基于主成分模型的主成分分析法和基于因子分析模型的主轴因子法、极大似然法、最小二乘法等。其中,基于主成分模型的主成分分析法是使用最多的因子分析方法之一。

(3) 利用旋转使得因子变量更具有可解释性。在实际分析工作中,主要是使用因子分析得到因子和原变量的关系,从而对新的因子能够进行命名和解释,否则,在其不具有可解释性的前提下对比 PCA 就没有明显的可解释价值。

(4) 计算因子变量的得分。计算因子变量的得分是因子分析的最后一步,因子变量确定以后,对每一样本数据,希望得到它们在不同因子上的具体数据值,这些数据值就是因子得分,它和原变量的得分相对应。

2.3 大数据可视化技术

从普通意义上讲,数据可视化伴随着统计学的出现而出现。事实上,从人们开始观察世界之时,就在利用图形图像记录、描绘信息。

2.3.1 数据可视化概述

数据可视化是关于数据视觉表现形式的科学技术研究。可视化技术是利用计算机图形学及图像处理技术,将数据转换为图形或图像形式显示到屏幕上,并进行交互处理的理论、方法和技术。它涉及计算机视觉、图像处理、计算机辅助设计、计算机图形学等多个领域,是一项研究数据表示、数据处理、决策分析等问题的综合技术。

为实现信息的有效传达,数据可视化应兼顾美学与功能,直观地传达出关键的特征,以便于挖掘数据背后隐藏的价值。

可视化技术应用标准应该包含以下 4 个方面:①直观化,将数据直观、形象地呈现出来。②关联化,突出地呈现出数据之间的关联性。③艺术性,使数据的呈现更具有艺术性,更加符合审美规则。④交互性,实现用户与数据的交互,方便用户控制数据。

2.3.2 常用的数据可视化工具

目前常用的数据可视化工具有很多,具体如表 2-1 所示。

表 2-1 常用的数据可视化工具

类型	举例	应用	优点	不足
入门级	Excel	报表、统计图表等	快速、方便	样式选择范围有限
在线数据可视化	Google Chart API	动态图表、丰富的现成的图表类型	丰富的图表选择、SVG、CANVAS、VML 浏览器	客户端动态图生成会引发问题
	Flot	JQuery Java Script 绘图库	操作简单、定制、灵活	在展现不同效果时,难度会增加
	Raphaël	在线输出图表、图形等	SVG/VML 矢量输出格式,分辨率高	速度比画布创建栅格化图像慢
	Data Driven Documents	复杂的可视化图形	复杂的交互、展现效果好	不够简洁
	Visual.ly	信息可视化图形、信息图设计师的在线集市	大量的信息图模板	功能有一定限制
互动图形用户界面(graphical user interface, GUI)控制	Crossfilter	交互式 GUI 图形图表	方便快速查看、操作有交互性	操作复杂性增加

续表

类型	举例	应用	优点	不足
地图工具	Modest Maps	基本的地图功能	小型、拓展性好	基本形式有限
	Leaflet	移动端平面地图	小巧轻便、灵活、易备份	
	Polymaps	网络地图功能	强大的资源库,全方位信息可视化	
	Open Layers	地图库	强大的地图库,可靠性高	文档注释不完善,操作难度高
	Kartogragh	区域地图绘制	标记线、定义,更多的选择	处理世界范围的数据有一定的困难
	Carto DB	地图库	结合表格数据与地图	需要按月付费
编程进阶	Processing	开源的编程语言	语法简易,大量实例和代码	
专家级工具	R	分析大数据集的统计组件包	强大社区和组件库	复杂、学习难度大
	Weka	机器学习、数据挖掘	免费	
	Gephi	社交图谱数据可视化		

2.3.3 知识图谱

知识图谱(knowledge graph)是将各种异构信息连接在一起的关系网络。它提供了从"关系"的角度分析和发现问题的能力。其逻辑是对现实世界中存在的实体、知识和概念进行数据结构的描述,机器可以理解图和进行图表示,图节点的形式是现实世界中存在的实体,每个实体的特征可以由许多不同的属性来描述,通过图可以直观地展示多个实体间的关系属性。与现有的字符串模糊匹配方法相比,知识图谱可以改变现有的信息检索方法:一方面,通过推理实现了概念检索;另一方面,通过分类将结构化的知识以图形的方式呈现给用户,使人们摆脱了手工筛选数据寻找答案的模式。

知识图谱的构建和使用有以下几个步骤。

1. 知识提取

利用自然语言处理(natural language processing,NLP)、机器学习、模式识别等,提取结构化数据并形成知识。

2. 知识存储

现有知识以图形数据库的形式存储,并建立动态更新和扫描机制。

3. 知识的发现

利用机器学习技术,通过存储海量数据,挖掘现有经验和规则难以发现的知识。

4. 知识检索

以普通人能理解的方式提供知识的快速检索。

5. 知识的表现

运用大数据、图分析与挖掘思想,将实体间的关系属性通过更加直观的方式展示出来,如绘制实体间关联关系图结构。

2.3.4 数据可视化面临的挑战

伴随着大数据时代的到来,数据可视化日益受到关注,可视化技术也日益成熟。然而,数据可视化仍存在许多问题,且面临着巨大的挑战。

(1) 视觉噪声。在数据集中,大多数数据具有极强的相关性,无法将其分离作为独立的对象显示。

(2) 信息丢失。减少可视数据集的方法可行,但会导致信息的丢失。

(3) 大型图像感知。数据可视化不单单受限于设备的长度比及分辨率,也受限于现实世界的感受。

(4) 高速图像变换。用户虽然能够观察数据,却不能对数据强度变化做出反应。

(5) 高性能要求。静态可视化对性能要求不高,而动态可视化对性能要求会比较高。

2.4 机器学习

2.4.1 机器学习的概念

在当今的科技时代,大量结构化和非结构化数据是丰富的数据资源。机器学习在20世纪下半叶演变为人工智能(artificial intelligence,AI)的一个分支,从数据中通过自我学习获得算法以进行预测。机器学习是一门多领域交叉学科,涉及概率论、统计学、逼近论、凸分析、算法复杂度理论等多门学科,专门研究计算机怎样模拟或实现人类的学习行为,以获取新的知识或技能,重新组织已有的知识结构使之不断改善自身的性能。

机器学习并不需要先对大量的数据进行人工分析,然后提取规则并建立模型,而是提供了一种更有效的方法来捕获数据中的知识,逐步提高预测模型的性能,以完成数据驱动的决策。

机器学习不仅在计算机科学研究中越来越重要,在日常生活中也发挥出重大的作用。因为有机器学习,才会有强大的垃圾邮件过滤、方便的文本和语音识别、可靠的网络搜索引擎、具有挑战性的下棋程序等,并有希望在不久的将来可以享受安全和高效的自动驾驶服务。

2.4.2 机器学习的类型

1. 基于学习策略的分类

(1) 模拟人脑的机器学习。

①符号学习:模拟人脑的宏观心理级学习过程,以认知心理学原理为基础,以符号数据为输入,以符号运算为方法,用推理过程在图或状态空间中搜索,学习的目标为概念或规则等。符号学习的典型方法有记忆学习、示例学习、演绎学习、类比学习、解释学习等。

②神经网络学习(或连接学习):模拟人脑的微观生理级学习过程,以脑和神经科学原理为基础,以人工神经网络为函数结构模型,以数值数据为输入,以数值运算为方法,用迭代过程在系数向量空间中搜索,学习的目标为函数。典型的连接学习有权值修正学习、拓扑结构学习等。

(2) 直接采用数学方法的机器学习——统计机器学习。统计机器学习是基于对数据的初步认识以及学习目的的分析,选择合适的数学模型,拟定超参数,并输入样本数据,依据一定的策略,运用合适的学习算法对模型进行训练,最后运用训练好的模型对数据进行分析预测。统计机器学习主要有以下三个要素:

①模型(model):模型在未进行训练前,其可能的参数是多个甚至无穷的,故可能的模型也是多个甚至无穷的,这些模型构成的集合就是假设空间。

②策略(strategy):从假设空间中挑选出参数最优的模型的准则。模型的分类或预测结果与实际情况的误差(损失函数)越小,模型就越好。那么,策略就是使误差最小。

③算法(algorithm):从假设空间中挑选模型的方法(等同于求解最佳的模型参数)。机器学习的参数求解通常都会转化为最优化问题,故学习算法通常是最优化算法,如最速梯度下降法、牛顿法以及拟牛顿法等。

2. 基于学习方法的分类

(1) 归纳学习。

①符号归纳学习:典型的符号归纳学习有示例学习、决策树学习等。

②函数归纳学习(发现学习):典型的函数归纳学习有神经网络学习、示例学习、发现学习、统计学习等。

(2) 演绎学习。

(3) 类比学习:典型的类比学习有案例(范例)学习等。

(4) 分析学习:典型的分析学习有解释学习、宏操作学习等。

3. 基于学习方式的分类

(1) 监督学习(有导师学习):输入数据中有导师信号,以概率函数、代数函数或人工神经网络为基函数模型,采用迭代计算方法,学习结果为函数。

(2) 无监督学习(无导师学习):输入数据中无导师信号,采用聚类方法,学习结果为类别。典型的无导师学习有发现学习、聚类、竞争学习等。

(3) 强化学习(增强学习):以环境反馈(奖/惩信号)作为输入,以统计和动态规划技术为指导的一种学习方法。

4. 基于数据形式的分类

(1) 结构化学习:以结构化数据为输入,以数值计算或符号推演为方法。典型的结构化学习有神经网络学习、统计学习、决策树学习、规则学习等。

(2) 非结构化学习:以非结构化数据为输入,典型的非结构化学习有类比学习案例学习、解释学习、文本挖掘、图像挖掘、Web挖掘等。

5. 基于学习目标的分类

(1) 概念学习:学习的目标和结果为概念,或者说是为了获得概念的学习。典型的概念学习主要有示例学习等。

(2) 规则学习:学习的目标和结果为规则,或者说是为了获得规则的学习。典型的规则学习主要有决策树学习等。

(3) 函数学习:学习的目标和结果为函数,或者说是为了获得函数的学习。典型的函数学习主要有神经网络学习等。

(4) 类别学习:学习的目标和结果为对象类,或者说是为了获得类别的学习。典型的类别学习主要有聚类分析等。

(5) 贝叶斯网络学习:学习的目标和结果是贝叶斯网络,或者说是为了获得贝叶斯网络的一种学习。其又可分为结构学习和多数学习。

2.4.3 典型机器学习方法介绍

本节重点讨论有监督、无监督和强化三种不同类型的机器学习,分析它们之间的根本差别(见图2-3)。

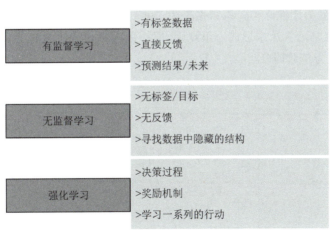

图2-3 三种典型机器学习的区别

1. 用有监督学习预测未来

有监督学习的主要目标是从有标签的训练数据中学习模型,以便对未知或未来的数据做出预测。这里的"监督"一词指的是已经知道样本所需要的输出信号或标签。有监督学习过程如图 2-4 所示。

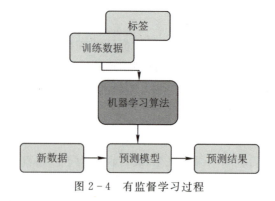

图 2-4　有监督学习过程

以垃圾邮件过滤为例,可以采用有监督的机器学习算法,基于打过标签的电子邮件语料库来训练模型,然后用模型来预测新邮件是否属于垃圾邮件。带有离散分类标签的有监督学习也被称为分类任务,如上述的垃圾邮件过滤。有监督学习的另一个子类被称为回归,其结果信号是连续的数值。

1)预测标签的分类

分类是有监督学习的一个分支,其目的是根据过去的观测结果来预测新样本的分类标签。这些分类标签是离散的无序值,可以理解为样本组成员的关系。前面提到的邮件垃圾过滤就是典型的二元分类任务,机器学习算法学习规则以区分垃圾和非垃圾邮件。

但是,数据集的分类并非都是二元的。有监督学习算法经过学习得到的预测模型可以将训练集中出现过的标签分配给尚未标记的新样本。

例如,图 2-5 将通过 30 个训练样本阐述二元分类任务的概念,其中 15 个标签为阴性(—),另外 15 个标签为阳性(+)。该数据集为二元,意味着每个样本都与 x_1 或 x_2 的值相关。现在,可以通过机器学习算法来形成一组规则,用一条线来代表决策边界以区分两类数据,并根据 x_1 和 x_2 的值为新数据分类。

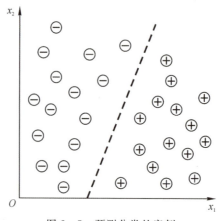

图 2-5　预测分类的案例

2)预测连续结果的回归

有监督学习也可以对连续结果进行预测,也称为回归分析。回归分析包括一些预测(解释)变量和一个连续的响应变量(结果或目标),试图寻找那些能够预测结果的变量之间的关系。

例如,图2-6的结果反映了线性回归的概念。给定预测变量 x 和响应变量 y,对数据进行线性拟合,谋求样本点和拟合线之间的平均距离最小(距离方差)。接着就可以用从该数据中学习到的截距和斜率来预测新数据的结果变量。

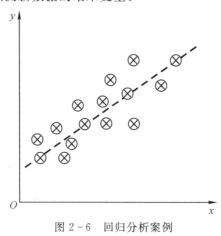

图2-6 回归分析案例

2. 用强化学习解决交互问题

强化学习的目标是开发系统或代理,通过与环境的交互来提高其预测性能。当前环境状态的信息通常包含奖励信号,强化学习根据奖励函数确定行动。代理在与环境交互中完成强化学习过程,通过探索性的试错或深思熟虑的规划来获得最大化奖励。强化学习最典型的例子是国际象棋,代理根据棋盘的状态或环境来决定一系列的行动,奖励是比赛结果的输赢。强化学习如图2-7所示。

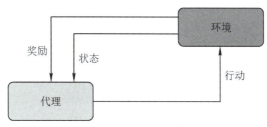

图2-7 强化学习示意图

每种状态都可以与正面或负面的奖励相关联,奖励可以定义为完成一个总目标,如赢棋或输棋。例如,国际象棋每步的结果都可以认为是一种不同的环境状态。为进一步探索国际象棋的案例,观察一下棋盘上与正面事件相关联的某些位置,比如吃掉对手或威胁皇后的棋子。棋盘上的其他位置与负面事件相关联,例如在接下来的回合中输给对手一个棋子。实际上,并不是每个回合都会有棋子被吃掉,强化学习涉及根据即时或延迟反馈来最大化奖励,从而学习一系列的走法。

3. 用无监督学习发现隐藏结构

在有监督学习中训练模型时,事先知道正确的答案;在强化学习过程中,定义了代理对特定动作的奖励。然而,无监督学习处理的是无标签或结构未知的数据。使用无监督学习技术,可以在没有已知结果变量或奖励函数的指导下,探索数据结构以提取有意义的信息。

1) 寻找聚类的子集

聚类是探索性的数据分析技术,可以在事先不了解组员的情况下,将信息分成有意义的组群。为在分析过程中出现的每个组群定义一组对象,它们之间都具有一定程度的相似性,但与其他组群中对象的差异性更大,这就是为什么聚类有时也被称为无监督分类。

聚类是构造信息和从数据中导出有意义关系的一种有用的技术,实践中常见的是营销人员根据自己的兴趣发现客户群,以便制订不同的市场营销计划。例如,图 2-8 解释了如何应用聚类把无标签数据根据 x_1 和 x_2 的相似性分成三组。

2) 通过降维压缩数据

监督学习的另一个子类是降维。高维数据的每个观察通常都伴随着大量测量数据,这对有限的存储空间和机器学习算法的计算性能提出了挑战。无监督降维是特征预处理中数据去噪的一种常用方法,它也降低了某些算法对预测性能的要求,并在保留大部分相关信息的同时将数据压缩到较小维数的子空间上。

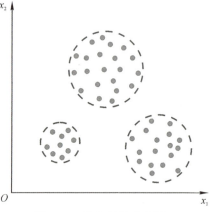

图 2-8 聚类子集示意图

降维有时有利于数据的可视化。例如,为了通过二维散点图或三维散点图或直方图实现数据的可视化,可以把高维特征数据集投影到一、二或三维特征空间。图 2-9 展示了一个采用非线性降维将三维瑞士卷压缩成新的二维特征子空间的实例。

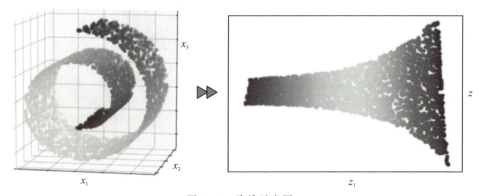

图 2-9 降维示意图

2.4.4 构建机器学习流程

图 2-10 展示了在预测建模中使用机器学习的典型工作流程。

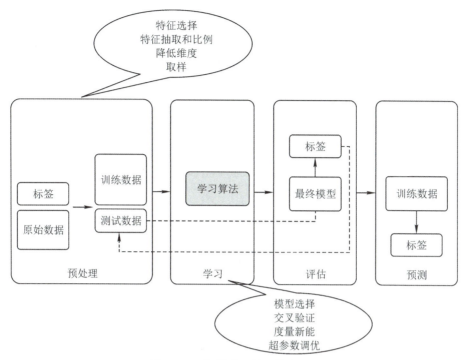

图 2-10 机器学习的工作流程图

1. 预处理——整理数据

原始数据很少以能满足学习算法最佳性能所需要的理想形式出现,因此,数据的预处理是任何机器学习应用中最关键的步骤之一。

如图 2-11 所示,以鸢尾花数据集为例,可以把原始数据看成是一系列的花朵图像,要从中提取有意义的特征,有意义的特征可能是颜色、色调、强度、高度、长度和宽度。

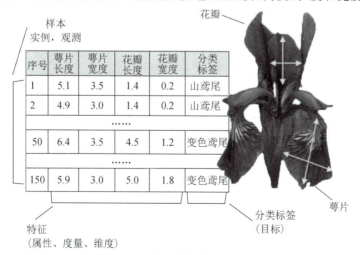

图 2-11 鸢尾植物数据整理示例

描述鸢尾属植物数据集的摘要,这是机器学习领域的典型案例。该数据集包含了三种不同鸢尾属植物 150 多朵鸢尾花的测量结果,数据集中每行代表一朵花的样本数据,每种花的数据以厘米为单位按列存储,它们被称为特征数据集。

许多机器学习算法也要求所选择特征的测量结果具有相同的单位,以获得最佳性能,通常通过把特征数据变换为[0,1]的取值范围或者均值和单位方差为 0 的标准正态分布来实现。

有时某些选定的特征可能是高度相关的,因此在某种程度上是多余的。在这种情况下,降维技术对于将特征压缩到低维子空间非常有价值。降低特征空间维数的优点是减少存储空间,提高算法运行的速度。如果数据集包含大量不相关的特征或噪声,即数据集具有较低的信噪比,那么降维也可以提高模型预测的性能。

2. 训练和选择预测模型

每个分类算法都有其固有的偏差,如果不对任务做任何假设,没有哪个分类模型更优越。在实践中,至少要比较几种不同的算法,以便训练和选择性能最好的模型。

但在比较不同模型之前,首先必须确定性能度量的指标。一个常用的度量标准是分类准确度,其定义为正确分类样本占所有分类样本的百分比。有人可能会问:如果不用测试集进行模型选择,而将其留做最终的模型评估,那么如何知道哪个模型在最终测试集和真实数据上表现良好?为了解决嵌套在这个问题中的问题,可以采用不同的交叉检验技术,将训练集进一步分裂为训练集和验证集,以评估模型的泛化性能。另外,也不能期望软件库所提供的不同学习算法的参数默认值对特定问题是最优的。直观地说,可以把那些超参数看作是从数据中学习不到的,更像模型的旋钮那样,可以来回旋转以改善模型的性能。

3. 评估模型和预测新样本数据

在选择了适合训练集的模型之后,可以用测试集来评估它在新数据上的性能,以评估泛化性能。如果对模型的性能感到满意,那么就可以用它来预测未来的新数据。需要注意的是,前面提到的诸如特征尺度和降维这样的性能测量参数仅是从训练集获得的,而相同的参数会被进一步转换成测试集,以及任何新的数据样本;否则,对测试数据的性能评估可能会过于乐观。

课后习题

一、名词解释

大数据采集　分布式存储　分布式系统　分布式计算　NoSQL 数据库　云数据库　批处理计算　MapReduce　流计算　图计算　关联规则　分类　数据可视化　机器学习　神经网络学习　监督学习　无监督学习　强化学习

二、简述题

1. 试比较分析几种常见的数据采集方法。
2. 简述回归分析,并举例说明。
3. 简述关联规则分析,并举例说明。
4. 简述相关分析,并举例说明。
5. 简述主成分分析过程。
6. 简述因子分析过程。

7. 试比较几种常见的在线可视化分析方法。
8. 简述数据可视化面临的挑战。
9. 简述知识图谱的构建过程。
10. 简述机器学习流程。

第 3 章　金融大数据平台设计

学习目标

掌握金融大数据平台建设流程；
掌握金融大数据平台的功能规划；
熟悉大数据金融业务研发体系。

导入案例

金融大数据平台解决方案

一、业务概述

中金数据系统有限公司研发的 Centrin Data Platform(简称 CDP)是依据开源 Hadoop 生态系统技术处理海量数据的商用平台，也是国内少数落地金融行业案例的大数据平台。它是国内外少有的高性能平台，通过对开源框架的补丁与升级，在性能和稳定性上都有数倍提升。CDP 应用范围覆盖各种规模和不同数据量的企业，通过内存计算、高效索引、执行优化和高度容错的技术，使得一个平台能够处理 10 GB 到 100 PB 的数据，并且在每个数量级上，都能提供比现有技术更高的性能。

CDP 包含三个组成部分：Centrin Hadoop 基础平台，分布式内存实时计算引擎，分布式离线数据分析/挖掘处理引擎。

中金数据利用在金融行业多年的服务经验，可提供大数据技术咨询培训、平台规划设计、部署实施服务，并面向金融客户的具体业务需求快速定制开发大数据应用。

二、主要功能与应用场景

1. 功能一：数据存储与管理

将行内各系统数据统一进行数据归集并加载到大数据平台上，作为日后的数据基础，并可提供敏捷灵活的检索、统计服务。实现结构化交易数据、非结构化语音数据、半结构化客户行为日志数据整合、关联管理，形成企业统一的全景数据资产。

典型应用：历史交易明细查询系统、冠字号查询系统、凭证档案管理系统、安全日志分析系统、工单数据管理与分析系统。

2. 功能二：公共数据辅助分析服务

提供第三方数据服务，结合行内客户基础数据对行内客户做行为偏好标签化，实时刷新用户行为偏好，日终增量画像对客户做精细化管理与关怀。系统会根据不同的营销分析主题匹配相应的模型进行分析，基于预设的不同营销模型以及策略进行全渠道营销推送。

典型应用：客户洞察与关怀系统、精准营销系统、舆情管理系统。

资料来源:金融大数据平台解决方案[EB/OL].[2022-01-27].www.centrin.com.cn/index.php/product/index/mid/10.html.

案例思考题：

除了上述应用场景,你还有什么建议？

3.1 大数据平台建设概述

精确识别业务要求、客观评估数据是提高大数据应用的基础。本节将从业务需求引导的视角出发,组织从数据中获得信息,实施大数据应用的实践流程。

3.1.1 大数据平台建设流程

组织一项大数据应用工作前,需要对实施方法、流程有明确的认识,这样才能避免无效投入与浪费。由于大数据应用系统投入成本大、建设周期长,因此,合理的流程安排具有重要意义。大数据平台建设的总体流程如图3-1所示。

图3-1 大数据平台建设流程图

1. 业务需求分析

业务需求是指组织开发的原因及期望达到的目标,反映了客户高层次的目标要求。业务需求分析在项目设计中是基础工作,产品经理在与客户交谈中收集信息,总结客户需求,提出具有前瞻性的目标分析,解决客户"为什么要做""做什么""做成什么样"的问题。

业务需求阶段要分析客户的业务战略,总结对战略决策有关键意义的数据分析需求,深入调研各业务部门、合作伙伴,按照业务优先级确定数据分析的优先级,逐步构建大数据应用场景,分析客户实施大数据应用后可能带来的机会与挑战。

2. 大数据应用分析

大数据应用分析是指在客户已有数据分析能力的基础上,针对日常业务中可能产生的其他数据要素,为客户提供潜在的价值分析。同时,将数据看作生产要素,分析数据的来源、类型、速度等特性,寻找合适的加工手段,发挥数据价值。因此,需要构建一定的情景模式,在具体业务情景模式下提出大数据应用方案。

3. 大数据平台设计

大数据平台设计以业务需求为基础,以发展战略为驱动,以灵活性和扩展性为原则,设计大数据技术应用架构。首先,需要规划企业的大数据战略,包含企业的大数据愿景、战略目标和要求,着眼于企业利用大数据战略改进业务目标。其次,需要规划大数据平台架构,包括数据采集、处理、存储和分析模块规划,以及实现目标架构需要的数据、工具和硬件。最后,规划不同应用场景下,开发平台架构的路线图。

4. 实施、试用、评估

规划项目科研技术团队、设备选型和采购,组织实施大数据平台建设的管理政策、隐私保护、安全保护措施,制订试用计划,降低业务和技术风险,邀请业内专家评估论证。

3.1.2 大数据平台设计的基本原则

大数据平台是大数据运用的基础设施,其设计、建设和系统实现过程中,应遵循如下指导原则。

(1)经济性:组织大数据平台建设中,获得可行的大数据平台服务场景所耗费的资源最少。因此,应基于现有场景分析,对数据量进行合理评估,确定大数据平台规模,后续根据实际情况再逐步优化扩容。

(2)可扩展性:软件系统计算处理能力的评价指标,即在系统扩展成长中,软件通过较少的改动就能实现整个系统处理能力的线性增长,实现更高的性能。在大数据平台架构设计与功能划分模块化中,需要考虑各接口的开放性、可扩展性,以便于系统的快速扩展与维护,便于第三方系统的快速接入。

(3)可靠性:系统在一定时间内无故障运行的能力。大数据平台系统采用的系统结构、技术措施、开发手段都应建立在已经相当成熟的应用基础上,在技术服务和维护响应上同用户积极配合,确保系统的可靠。同时,对数据指标要保证完整性、准确性。

(4)安全性:针对系统级、应用级、网络级,均提供合理的安全手段和措施,为系统提供全方位的安全实施方案,确保企业内部信息的安全。

(5)先进性:涵盖结构化、半结构化和非结构化数据存储和分析的特点;借鉴互联网大数据存储及分析的实践,使平台具有良好的先进性和弹性;支撑当前及未来数据应用需求,引入对应大数据相关技术。

(6)平台性:归纳整理大数据需求,形成统一的大数据存储服务和大数据分析服务;利用多租户,实现计算负荷和数据访问负荷隔离;多集群统一管理。

(7)分层解耦性:大数据平台提供开放的、标准的接口,实现与各应用产品的无缝对接。

3.2 金融大数据平台规划

金融大数据应用场景丰富,需要一种体系化的大数据处理架构来支撑,确保从企业级视角打通大数据处理的各环节,使之高效运转。从金融企业的数据供应链路看,"聚数""管数""用数"是三个核心,因此大数据云平台的能力也应围绕以上三个方面进行规划,并将服务个性化、资源配置化、应用交付敏捷化作为重要特性。

3.2.1 总体能力分析

从金融大数据平台的实践经验来看,金融大数据平台需要满足以下8个方面的能力需求。

1. 存储与计算能力

满足大数据处理所需的基础资源需求,包括对结构化、半结构化、非结构化多种类型数据存储,以及离线计算、实时计算等多种计算引擎。为保证平台具备灵活的扩展性,通常采用"存储计算分离"模式实现。

2. 资源任务调度能力

通过虚拟化、容器等技术,实现计算资源的灵活编排,任务的智能分发和运行,以及数据按照业务场景的高效访问,为大数据云平台提供资源调度、作业调度、数据调度,确保高效的资源配置及作业执行。

3. 数据管理能力

对数据在平台内流动提供全流程的管理、分析及可视化服务,包括元数据的实时接入、数据权限、数据血缘等功能,精细化控制数据的流动,构建以元数据为驱动的数据资产管理框架。这是大数据云平台的核心能力。

4. 数据采集能力

实现多渠道(公有云、私有云)、多类型(结构化、非结构化)、多种方式(批量、实时)数据采集,支持灵活、高效、配置化的操作,满足个性化数据采集需求。

5. 数据集成能力

提供不同数据类型、跨异构系统的数据检核、转换、同步、整合等能力,为用户提供交互式、配置化的数据集成方式,降低数据加工门槛。

6. 数据开发能力

为开发人员提供端到端集成开发环境,支持批量数据、实时数据、图数据等多类型数据的开发,实现从开发、测试到部署全流程服务,满足应用的敏捷发布部署需求。

7. 数据分析可视化能力

提供易用的数据分析挖掘环境,既能满足传统的多维分析,又能支持基于人工智能算法的深度挖掘。同时提供丰富的图表可视化形式,以更直观的方式让用户洞察数据价值。

8. 数据服务能力

通过统一的数据访问接口,屏蔽数据存储和处理技术的差异,将数据以服务的形式发布,增强数据的开放性和服务的标准化,为平台数据和外部应用的连接起到桥梁作用。

以上能力要求基本覆盖了金融业大数据处理的各方面需求,除了以上功能性目标外,计算能力、容量、可用性、扩展性、安全性、开放性等非功能目标也是规划设计的重点。同时,在保证企业级、体系化特性的基础上,还要保证相对独立,以根据应用需求的变化迅速做出调整。

3.2.2 云化能力

总体能力以平台即服务(platform as a service,PaaS)方式对外提供服务,向下对接基础设施即服务(infrastructure as a service,IaaS),向上支持应用即服务(software as a service,SaaS)。因此,要强化各能力的云化特性,按照统一的规范和原则进行设计,如表3-1所示。

表3-1 云化能力要求

云化特性	能力要求
支持不同基础环境	支持在物理机、虚拟机、容器环境上安装部署
资源弹性伸缩	根据运行的需求,资源在线扩充或缩减
资源在线供给	租户自助申请、自动部署,租户注销时资源自动释放
资源隔离	租户间的CPU、内存、网络、数据资源隔离
资源计量	资源使用情况自动记录,并对接平台运营
租户、用户管理	统一的租户和用户权限管理体系
独立服务	能力间松耦合,可独立对外服务
故障隔离	不存在单点故障,故障后能自动隔离
灾备及高可用	支持多地、多中心部署以及多活等高可用性要求
易维护性	提供平台级、租户级、用户级的运行管理维护界面

3.2.3 开放性需求

在金融科技走向开放的大背景下,一方面,平台要以金融业场景吸引更多的第三方技术加入,形成"黑洞"效应,增强垂直领域的技术能力,持续保持平台的先进性;另一方面,依托云计算技术,开放各项能力,通过界面、应用程序接口(application program interface,API)、软件开发工具包(software development kit,SDK)等多种方式对外提供服务,推动平台与外部应用的深度融合。

3.3 金融大数据平台建设

大数据平台作为金融机构的基础技术平台,技术复杂度高、研发周期长,需要按照战略性项目来实施。

3.3.1 金融数据获取

金融机构中,无论哪个部门都在持续不断采集、积累大量数据,比如抵押贷款部门采集海量的贷款客户的数据,储存并实施处理以充分描述其特征;从全球看,债券、外汇、货币和股票及衍生品交易部门能收集各种各样影响资产价格不断变化的海量信息,并试图建立可以使用的前瞻性模型;零售、银行部门则对客户的行为进行实时收集,从而分析客户信息;客户交易、研发、市场开发或服务运营等各个部门也隐藏了无数数据。

同时,需要对金融业务数据进行分类,在分类完成的基础上,根据电子数据安全等级划分细则,对同一类的数据,依据业务需求差异确定的不同安全级别的电子数据,再采取对应级别的管控手段,保障数据资源的私密性、结构性和实用性,确保数据资源不被损毁和非法访问。如表 3-2 所示的银行零售业务客户部分敏感信息,可利用的金融数据需要在保护个人隐私安全的前提下合法访问。

表 3-2 银行零售业务客户敏感信息一览表

序号	客户基本信息	金融业务信息	保密级
1	证件号码		* * *
2	姓名		*
3	手机号码		* *
4	地址		*
5		账号	* * *
6		余额	* * *
7		交易日期	* *
8		账户密码	* * *
9		业务办理网点	*
10		重要凭证号码	* * *
11		账户性质	*

3.3.2 平台技术组件

实施策略上,按照规划的能力映射到技术组件,通常以"数据管理"为核心,以"智能调度"为驱动,强化组件间的协同,保证平台以体系化能力对外服务。大数据云平台各技术组件间的关系如图 3-2 所示。

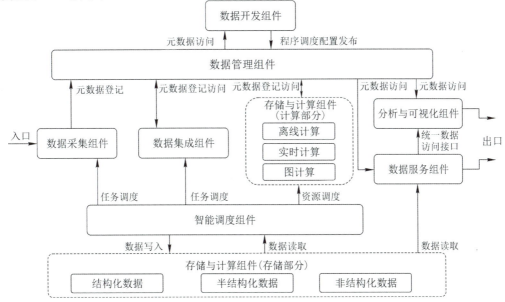

图 3-2 金融大数据平台组件关系

(1) 数据管理组件作为平台的中枢,一方面收集其他组件产生的元数据信息,另一方面提供元数据访问,包括数据结构、数据权限、存储路径、访问方式、数据状态等。

(2) 以数据采集组件为入口,将外部数据抽取或传输至平台,元数据信息登记到数据管理组件,数据写入存储与计算组件(存储部分),整个过程通过智能调度组件进行控制。

(3) 利用数据开发组件进行数据加工作业的开发,开发过程中从数据管理组件获取元数据信息,将形成的数据映射、调度依赖等信息写入数据管理组件形成数据血缘,代码发布到各计算节点。

(4) 数据开发形成的作业利用数据集成组件提供的算子,实现对数据的清洗、转换和整合,包括从存储与计算组件(存储部分)读取数据,使用存储与计算组件(计算部分)完成计算(包括离线计算、实时计算、图计算等)。智能调度组件除了按照依赖关系运行作业外,还承担不同资源的调配,保证作业的运行水平协议指标。

(5) 加工后的结果由数据服务组件通过统一的数据访问接口对外提供服务,一方面提供分析和可视化组件用于数据的分析挖掘,另一方面将数据以各种形式提供给外部应用。

在对外服务方式上,通过组件或服务的装配,可以形成多种大数据操作环境。如通过智能调度、数据开发、数据集成等组件的组合,形成面向开发人员的大数据开发环境;通过分析与可视化组件、数据管理组件、数据服务组件的能力组合,可以形成面向数据分析人员的工作界面等。同时,各组件能够实现资源的多级管控、适配多种服务协议和用户认证方式,方便将各种功能集成到应用中。

3.3.3 平台应用优化

金融大数据平台建设并非一蹴而就的,需要根据运营需求不断调试优化,应注意以下几个方面的适应性。

1. 平台组件功能优化与应用系统需求间的平衡

大数据云平台建设不是由应用系统需求驱动,而是根据当前技术,结合业界大数据能力建设方法,做了很多开拓性和前瞻性的设计。在支持应用系统建设过程中,某些组件功能会与应用系统需求存在差异,这需要在后续实施中平衡两者。对于共性需求或符合平台规划方向的功能,由平台来承接优化;对于个性化需求或者与平台技术方向不符的,可以先由应用系统实施改造。

2. 提升平台各组件的独立服务能力

大数据云平台是按照体系化设计,目标是将各组件高效串联以便发挥最大效能,耦合度相对较高。但是,由于大数据云平台技术体系庞大,当只使用部分组件或者独立部署时需要对体系化能力进行解耦,后续实施要制定相关的组件解耦规范,确保组件既能高效协作,又能独立运行。

3. 增强平台的金融业特性

大数据云平台建设中借鉴了大量互联网企业的思路和方法。但金融业的很多场景与互联网不同,在架构、流程、功能上存在差异。比如互联网追求极致的敏捷开发部署,开发、上线流程比较简单,而金融业要根据监管部门的要求对开发、上线流程进行管控。所以在一些功能和流程的优化上,要强化金融的特点,特别是在"三态"(开发态、测试态、运行态)的设计上要实现严格分离,把安全运行管控作为第一要务。

4. 完善平台内外部技术对接标准

大数据云平台的各组件间以及与外部的关联比较复杂,且由于在某些技术领域还没有相关标准,因此在后续优化中要注意各领域标准的研究和执行,实现架构、接口、安全等技术对接标准的统一。

券商数据利用案例

3.4 大数据金融业务服务

3.4.1 金融大数据基础服务平台

大数据金融的核心在于依托智能化技术手段,形成面向业务场景需求的智能化应用解决方案,促进金融产品和服务的优化升级,涵盖数据、技术、业务等全方位内容,是一个系统性工程。如何使大数据平台符合不同场景对数据收集、存储、加工、计算等性能的要求,如何满足各类预测分析在模型构建、信息挖掘等方面的需求,如何在平台支撑下研发出切实解决业务痛点、提升经营效益的智能化应用产品,是金融大数据建设过程中研究与关注的重点。大数据基础服务平台如图 3-3 所示。

图 3-3 大数据基础服务平台

金融大数据平台利用集群进行高效的数据存储与运算,重点实现以下几方面功能。

1. 数据采集与存储

金融业务场景的交叉程度与复杂程度日益提升,每项智能化应用所涵盖的数据范围往往会跨领域、跨系统,且涉及大量流式数据,如客户实时行为数据等,大数据平台需要对不同来源、不同类型的数据集中整合与存储,以便后续进行统一、高效的处理与分析。

在构建过程中,大数据平台需要对接银行企业金融、零售金融、金融市场等相关领域的各类客户、业务、管理系统,以及对外部的第三方信息日志等进行实时数据采集;读取 HDS、EDW 及各类数据集中积累的数据,实现批量数据整合。平台可通过 Sqoop/Canal 等对关系型数据库中全量数据及增量数据进行导入,采用 Flume 对图片、视频等非关系型数据,以及用户行为日志等流式数据进行收集,最终以不同方式将采集的数据加载、整合到 HDFS、Hbase 等分布式存储系统中,供后续分析处理。

2. 数据处理与计算

在传统数据之外,非结构化数据、实时流式数据等在金融业务的分析决策中逐渐发挥着越来越重要的作用,带来了数据处理方式的改进。在数据处理类型上,除了结构化数据,大数据平台还支持非结构化数据、半结构化数据等贴源数据处理,提升数据质量以更方便于查询、使用。在数据处理时效上,在采用 MapReduce/Spark 等分布式计算引擎进行大规模批量数据挖掘分析的同时,引入 Flink/Storm/Spark Streaming 等大数据流式计算技术实现对实时数据的计算处理,生成实时分析决策,满足金融市场行情分析、理财产品精准推荐等高时效场景数据处理需求。同时,平台构建大数据沙箱,在保障数据安全的同时,为数据探索分析、AI 模型训练提供更贴近真实业务场景的开发环境。最终平台对各类数据加工处理后的结果以元数据的形式进行存储,以供进一步数据挖掘及业务应用。

3. 数据中台服务

大数据平台对原始数据进行加工处理后,生成的数据分析与探索结果,一方面以数据服务的形式直接输出给金融业务应用,另一方面为 AI 平台提供算法建模所需的数据输入。基于业务逻辑将原始数据计算成可应用的指标,形成标准化的数据资产,能降低原始数据的噪声,增强数据的业务应用能力,提升数据的服务价值。根据数据工程化程度以及应用方式的不同,数据资产种类多样,涵盖了特征库、标签、知识图谱、规则引擎等,以共享、可复用的形式供不同领域智能化建设灵活调用。

数据服务直接输出时,可以文件方式批量输出数据结果,也可以 API 服务方式开放实时接口给应用系统,供其进行数据查询;数据资产作为 AI 平台的数据输入时,可通过 AI 平台的沙箱功能从大数据平台提取部分数据,也可直接调用大数据平台的接口,使用大数据平台的数据和计算资源。

4. 数据管理与平台管理

数据管理主要实现对元数据、数据资产的查询、维护、更新,对数据质量检查、修正、调整,以及对数据关系的追踪与影响进行分析等。当数据服务出现明显异常时,能迅速定位并追溯到问题节点。平台管理主要体现在统一调度、统一监控、统一用户认证、统一安全体系等方面。

3.4.2 人工智能(AI)基础服务平台

AI 平台在人工智能计算资源支持下,集成多种机器学习框架及基础算法模型,形成全流程、一体化的模型开发能力,并提供涵盖计算机视觉、智能语音、自然语言处理等领域的 AI 服务,为相关业务场景智能化产品研发提供核心建模支撑。AI 平台整体架构设计如图 3-4 所示。

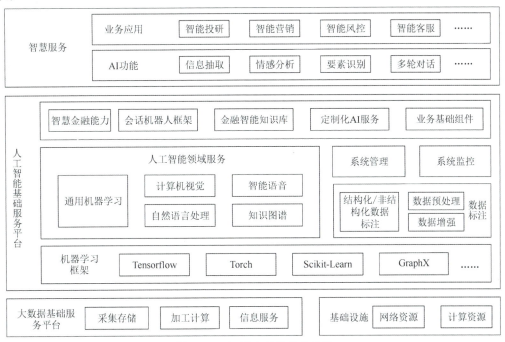

图 3-4 AI 平台整体架构设计

AI 平台具备以下功能:

1. 算法资源集成

不同金融业务对算法模型性能有不同的侧重,如信贷审批注重模型的业务可解释性,而个性化推荐更侧重模型的实时精准性。面对多样的业务场景,平台汇集了行业领先的机器学习算法库及深度学习算法框架,如 Scikit-Learn、MLlib、Tensorflow、Torch、Caffe、CNTK 等,供模型开发时灵活调用。在此基础上,平台还涵盖主流的各类人工智能基础算法模型,如传统机器学习算法中的逻辑回归、支持向量机(support vector machine,SVM)、朴素贝叶斯(Naive Bayes)等;深度学习算法中的卷积神经网络(convolutional neural networks,CNN)、循环神经网络(recurrent neural networks,RNN)及相应网络衍生出的经典结构等;图模型算法中的社区发现算法、链路预测算法以及图神经网络(graph neural networks,GNN)算法等。依托全面的开发框架以及基础算法,平台能够基于特定业务目标进行灵活的算法设计与重构,充分满足风险识别、财富管理、投资研究等领域对技术模型的差异化、定制化需求。

2. 全流程模型开发

AI 平台提供多种人工智能开发工具,支持数据标注、数据预处理、特征工程、模型构建、参数寻优、模型评估、模型部署等全流程、一站式算法模型研发流程,极大提升各场景算法建模效率。在人工智能开发工具支持下,可通过对开发功能组件进行拖拉拽方式形成特定的工作流,基于对基础组件的调用减少代码的重复编写,以更便捷地完成数据分析、模型搭建等操作。例如:在数据标注环节,采用自动标注工具,能迅速生成大规模数据的目标定义,以更便捷地构建训练样本;在特征工程环节,可点击"特征提取"组件自动实现对数据的离散化、归一化、关联计算等加工处理;对于加工好的指标变量,可点击"特征选择"组件选择卡方检验、决策树、信息熵等多种方法,挑选出有效的特征集合进入模型;还可点击"特征组合"组件对选定的特征变量进行自动组合,以生成更体现业务含义的新特征。

3. AI 领域服务

计算机视觉、自然语言处理、语音识别是人工智能尤其是深度学习应用最为广泛的三大领域,由于具有较大规模、公开的训练样本,这些领域已形成较多针对特定任务、成型的通用智能服务,如计算机视觉领域的人脸识别、目标检测、图像分类等,自然语言处理领域的分词、命名实体识别、文本分类等,这些通用服务已经越来越深入地应用到风控、投资等金融核心领域的智能化建设过程中。AI 平台通过提供相关通用服务的功能组件,将各领域智能化产品在研发过程中进行共享与调用,提升整体智能化研发效率。同时,对于信用评分、营销白名单等银行场景中常用的智能化服务,AI 平台也提供相应的功能组件,满足各类业务对通用机器学习服务的需求。

4. 资源调度管理

算法模型训练尤其是深度神经网络模型训练需要以强大的计算资源为基础,故 AI 平台需实现对异构计算资源的调度,为上层建模提供高可用、弹性可拓展的异构计算能力。平台采用容器管理技术进行 CPU、GPU 等计算资源调度,且支持多租户计算资源的调度、隔离与管理,可实现不同业务场景多用户、多模型的并行训练、测试、部署及对外服务。

汽车金融消费大数据优化案例

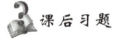

一、名词解释

业务需求　大数据应用分析　大数据平台设计

二、简述题

1. 简述大数据平台设计的基本原则。
2. 简述金融大数据平台的能力需求。
3. 简述大数据平台技术组件。
4. 大数据平台优化过程中需要注意哪些方面的适应性?

第4章　大数据在商业银行中的应用

学习目标

掌握银行大数据平台设计要点；
掌握大数据技术在信用卡实时中的应用；
熟悉大数据技术对商业银行物理网点的改进。

导入案例

中国银行大数据应用平台实践

大数据应用平台是中国银行的重点科技项目之一，目标是构建从总行到支行一体化的大数据分析应用架构。通过构建全行的大数据基础，构建数据池和异构数据库，实现对传统数据的深度挖掘，补齐数据处理短板，从技术和应用层面推动中国银行数字化转型。

一、创新技术及模式应用

1. 可视化全景视图

通过构建大数据平台，丰富完善中国银行大数据技术体系，实现分布式存储和流计算能力。例如，运用大数据改造传统业务中"收支记录"应用，可实现所有账户、所有收支记录及客户需求个性化定制的全景视图，提供通过大数据自动分类记账及实时统计的即时分析报告。并可实现通过手机银行向客户提供实时账户信息变动服务，提高客户体验。

2. 大数据风控模式

传统风控中的规则模式主要依据银行内部数据监管各类风险，而依托大数据平台，可加强金融事中风控体系，弥补原有的风控短板。通过构建行内系统数据、外部数据、互联网数据等多维度数据结构，利用大数据建模、实时分析能力，强化金融事中风控能力，保障中国银行各类业务的平稳运营，提升运营效率。

3. 人机互动科学决策

基于银行海量的经营数据和主题数据库，引入机器学习算法，实现数据挖掘、智能分析、科学预测及模拟训练相结合的机器学习平台，推动全行提升挖掘数据价值的能力，支持业务人员有目标地抽取、分析相关数据，通过模型化分析为产品创新和市场策略决策提供有效支持。

4. 数字化营销

"跃升计划"是中国银行依托大数据平台建设的数字化营销系统。通过对全线数据的机器学习，结合线下销售人员的销售计划，一站式完成业务营销和运营管理工作。

二、中国银行"跃升计划"大数据平台效果分析

中国银行以客户为中心，充分运用大数据平台，给客户提供实时收支记录的可视化信息，

得到了客户的广泛认可。"收支记录"自上线以来,使用占比在手机银行产品服务应用中居前列。"跃升计划"完成了客户群选择、个性化营销策略、实时客户分析、应用配置、渠道汇总、分析总结全线上流程营销活动。通过机器学习提升营销效果,签约率比传统的专家规制提升了3倍,且精准筛选客群,效果显著。

手机银行中"千人千面"功能正是"跃升计划"应用服务中的一个模块,目的是当客户使用手机银行时,在欢迎页面、理财频道、贵金属频道等上百个功能页面中,对不同客户呈现出不同的界面,每个界面都为客户量身定制,呈现出最合适的功能选择,提升客户的体验感。

同时,利用大数据沙箱和标签系统实现风控实时防御,对手机银行、网上银行、银行微信渠道及银联线下POS渠道等高风险交易提供风控监测和处置。在专家规则模型基础上,将机器学习与数据模型结合,提升风险识别处置能力,建成智能高效的事中风控平台。

三、大数据提升银行传统业务的经验

(1)银行业在数据存储和应用方面普遍存在设备薄弱、分析能力不充分等问题,通过大数据平台整合内外数据,可实现全行上下数据共享互动,且大数据可视化分析探索,能最大限度地提升数据的流动性,充分挖掘数据价值,从而全面提升银行对内外数据的存储、调用及计算,以及数据治理能力。

(2)银行业传统业务需要快速的决策支持,常见的场景有精准营销、实时授信、风险防控,而传统业务流程受到信息时滞的影响,给内部决策带来不确定因素。构建大数据平台过程中重复进行数据读取和学习,不断优化决策体系,有助于银行深入挖掘数据价值,借助大数据提升生产力水平,促进业务发展。

(3)外部数据对银行信贷、信用卡等业务有重要意义,传统银行数据系统相对封闭,引入的部分外源数据分散在各应用系统中,难以共享和重复利用,而大数据技术可以改善这种状况,实现外部数据科学管理,全行共享。

(4)客户标签是银行重要的资源。传统客户标签分散在各系统,信贷业务建立客户的信贷业务标签,理财业务建立客户的理财业务标签,信用卡业务建立客户的信用卡业务标签,难以综合利用。而大数据技术建立统一并可共享的标签管理体系,为全行提供了统一、全面、共享的标签管理服务。

资料来源:中国银行:中银慧聚大数据应用平台[EB/OL].(2019-08-06)[2021-03-21]. https://www.cebnet.com.cn/20190806/102592038.html.

案例思考题:

1. 中国银行利用大数据技术有哪些创新?
2. 简述大数据技术在商业银行中的应用特点。

4.1　传统商业银行的主要业务及数据问题

商业银行的主要业务一般分为负债业务、资产业务和中间业务。

4.1.1　负债业务

负债业务是指商业银行通过借入方式筹措经营资金的活动,是商业银行获得资金来源的业务。广义的负债业务主要分为自有资本和外来资金(也即各类存款)两大部分。

1. 自有资本

商业银行的自有资本是其开展各项业务活动的初始资金,简单来说,就是其业务活动的本钱。自有资本的大小是银行吸收外来资金的基础,也是银行实力和信誉的象征。自有资本的多少反映了其对债权人的保障能力的大小,一般包括股本、盈余、债务资本等。

2. 外来资金

(1)活期存款。活期存款是指储户可自由存入和转账的存款,没有明确存款期限。提取存款也有多种方式,如支票、汇票、电话转账、ATM 机、手机银行、网上银行等。

活期存款业务的特点体现在以下几个方面:①派生性。派生存款是相对于原始存款而言的。银行吸收原始存款后,按规定保留准备金后,其余部分可用于贷款或投资。客户获得贷款后,若不立即提现,即转入活期存款账户,对于银行而言,一方面增加了贷款余额,另一方面又增加了活期存款余额,产生了派生存款。②流动性。活期存款流动性大、存取频繁,同时伴有多种服务,并且活期存款利息较少或不支付利息。③拓展客户。银行通过活期存款与客户建立关系,为扩大业务服务方式奠定基础。

(2)定期存款。定期存款是指储户与银行约定好存款期限的存款,通常有 3～12 个月不等的短期存款,及 5～10 年的长期存款。定期存款利率根据期限长短和存款数额不同而存在差异,但均高于活期存款。储户可利用定期存款的存单通过质押的方式获得贷款。

定期存款具有以下特点:①投资性。定期存款的利率高而且风险小,是一种可以广泛接受的投资方式。同时,它也是银行稳定的资金来源。②存款准备金低。由于有存款期限的约束,因此,定期存款的存款准备金要求低于活期存款的要求。③费用低。定期存款通常是一次性办理,存款期间没有其他派生服务,因此没有额外费用产生,综合费用较低。

商业银行负债业务如图 4-1 所示。

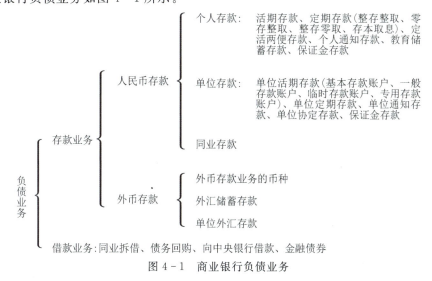

图 4-1 商业银行负债业务

4.1.2 资产业务

资产业务是指商业银行运用资金获得利息的活动,主要包含贷款业务和证券投资业务两大类。资产业务获得的收入是商业银行主要的利润来源,同时资产业务的高质量运营也是商业银行降低风险的重要方式。

1. 贷款业务

贷款业务是商业银行依据人民银行和银保监会的政策要求,根据一定贷款原则,通过还本付息的方式,为借款人提供一定数量的货币。贷款业务是商业银行重要的资产业务,占其全部资产业务的比重较大。

贷款业务可根据不同的分类标准进行细分,主要有以下几种方式:一是按贷款期限,可分为活期贷款、定期贷款和透支贷款。活期贷款是根据客户实际使用天数进行利息结算的方式;定期贷款是根据约定好的期限,按期履约。二是根据贷款的保障方式,可分为信用贷款、担保贷款和票据贴现。信用贷款是依据客户信用评级获得贷款的方式;担保贷款不仅参考客户的信用评级,同时要参考担保方的担保能力;票据贴现主要是依据客户真实经营过程中的应收账款获得贷款支持。三是按贷款用途分类,对于个人和企业来讲,不同的消费、教育用途或生产经营用途各异。四是按贷款的偿还本金方式,可分为先息后本(先偿还利息,一次性偿还本金),以及分期偿还(将本金和利息分期偿还)。五是按贷款质量状态,分为正常贷款、关注贷款、次级贷款、可疑贷款和损失贷款等。

2. 证券投资业务

证券投资业务是商业银行购买有价证券的活动,通过证券市场买卖股票和债券进行投资。商业银行进行证券投资可以分散风险、保持流动性、合理避税和提高收益等。商业银行证券投资业务的对象主要是各种证券,包括国库券、中长期国债、政府机构债券、市政债券或地方政府债券以及公司债券。

4.1.3 中间业务

中间业务是指按会计准则不列入资产负债表内,不影响商业银行资产负债总额,但能影响银行当期损益,改变资产报酬率的经营活动。

1. 中间业务的含义

狭义的中间业务指没有列入资产负债表,但又和资产业务、负债业务关系密切,并可转变为资产业务或负债业务的经营活动。广义的中间业务还包括结算、代理、咨询等无风险的经营活动,因此,广义的中间业务是指商业银行从事的不在资产负债表中反映的业务。根据《巴塞尔协议》提出的要求,广义的中间业务可分为两大类:一类是有债权的业务,包括贷款承诺、担保、金融衍生工具和投资银行业务;另一类是金融服务类业务,包括信托与咨询服务、支付与结算服务、代理人服务、与贷款有关的服务以及进出口服务等。

2. 商业银行中间业务的主要类别

商业银行的中间业务主要有三种类型,即担保、承诺及与利率或汇率有关的项目。

担保类包括担保、备用信用证、跟单信用证、承兑票据等。这类表外业务的共同特征就是由银行向交易过程中第三者的现行债务提供担保,并且承担一定风险。

承诺按照能否撤销分为两类:一是不可撤销的承诺,即在任何情况下,银行必须履行事先允诺的义务;二是可撤销的承诺,即在一些情况下,特别是借款者潜在的信用质量下降或完全恶化的条件下,银行可以收回原先允诺的义务而不会受到任何金融方面的制裁或惩罚。

与利率或汇率有关的项目,是指与利率或汇率有关的创新金融工具,如金融期货、期权、互换和远期利率协议等工具。

4.1.4 传统商业银行存在的数据问题

1. 客户的数据信息碎片化

客户信息管理是商业银行各类业务的基础。随着社会发展步入大数据时代,目前银行数据量已达 100 TB 级别以上,同时,非结构化数据正以更快的速度增长。而传统商业银行的客户数据信息分散在不同的业务模块中,例如,办理现金业务的客户信息通过身份核查录入基本信息,如姓名、身份证号码、手机号等,而办理信贷业务的客户不仅需要基础信息,还需要客户的工作信息、家庭信息、资产状况等,不同的业务模块相对封闭的状态,使得客户的数据流动性低,存储分散。

造成客户数据信息碎片化的原因是多方面的,一是不同业务相对独立,形成了各自的信息孤岛;二是不同业务需要的数据类型不同,有结构化的数据,有非结构化的数据,统一的过程中存在技术壁垒;三是银行内部数据不能反映客户全貌,而外部数据内部化应用过程中存在路径、共享、安全等问题。客户信息碎片化不仅不利于产品创新和业务流程创新,而且存在风险隐患。

2. 数据信息缺乏深度挖掘

银行在数据生产方面存在天然优势:一方面,银行在办理各种业务过程中积累了客户身份信息、资产负债状况、资金收付交易等大量高价值的数据信息,如果这些数据通过专业技术挖掘和分析之后,将产生巨大的商业价值;另一方面,银行业具有较为充足的预算,可以吸引大数据技术的高端人才,也有能力采用大数据的最新技术。

总体来看,尽管大数据技术在银行业的应用刚刚起步,目前影响还比较小,但是从发展趋势来看,应充分利用大数据技术对传统银行业务信息进行深度挖掘。银行业需要进行规划统一的大数据平台建设,建立综合预测分析体系,整合不同业务系统的数据资源。与外部资源建立信用信息共享交换平台,同时对接公共机构数据平台,多管齐下扩展数据信息的来源和采集渠道。

银行的数据按业务来源主要分为交易数据、客户信息数据、信用数据和资产数据四大类。同时,银行数据多为结构化数据,主要存储在关系型数据库及数据仓库中。另外,通过数据挖掘可进一步驱动传统业务运营,如中信银行信用卡中心通过大数据技术了实现实时营销,光大银行构建社交网络数据库等。

3. 缺乏统一的行业数据标准

中国人民银行和银保监会对金融机构的数据管理和监控要求在不断提高，2017年中国人民银行印发的《中国金融业信息技术"十三五"发展规划》提出要统筹监管系统重要性金融机构、金融控股公司、重要的金融基础设施、金融综合统计等，推进信息技术的发展。

《中国金融业信息技术"十三五"发展规划》确立了"十三五"期间金融业信息技术工作的发展目标，主要包括：金融信息基础设施达到国际领先水平、信息技术持续驱动金融创新、金融业标准化战略全面深化实施、金融网络安全保障体系更加完善、金融信息技术治理能力显著提升。

《中国金融业信息技术"十三五"发展规划》围绕上述发展目标，从"夯实基础、强化安全、支持创新、深化标准、提升治理"等方面提出五项重点任务。一是完善金融信息基础设施，夯实金融服务基石；二是健全网络安全防护体系，增强安全生产和安全管理能力；三是推动新技术应用，促进金融创新发展；四是深化金融标准化战略，支持金融业健康发展；五是优化金融信息技术治理体系，提升信息技术服务水平。

但是，国内银行的数据管理仍没有形成统一的标准，它们在构建各自的数据仓库。商业银行基本实现了企业数据的集中化管理，虽运用大数据技术实现了内部数据报表生成及数据报送，但仍有部分数据使用手工报送，同时存在数据质量水平低的问题。因此，如何形成行业内统一的大数据技术标准，提高数据质量，加强数据管理，并运用大数据技术深层挖掘、提炼和利用数据，提高经营管控效能是未来发展的一个重要内容。

4.2 商业银行大数据平台设计

4.2.1 商业银行大数据平台需求分析

利用已有的信息基础，充分整合和利用信息数据，突破传统银行运营系统中各个模块、不同部门之间的信息壁垒，将大数据分布式存储技术、主题数据库、机器学习建模等技术与商业银行各类业务相融合，便于行内的数据管理、共享，从而提升经营管理能力、创新能力和服务能力，这是商业银行面临的主要需求，具体来讲，包含以下几个方面。

1. 建设大数据基础设施，完善全行数据体系架构

商业银行通常运用多个业务系统处理业务，存储各类音频、视频、图片、文本等凭证，各系统独立运营，系统间存在数据孤岛问题。构建大数据平台，将打通系统之间数据流通路径，实现更广泛的半结构化、非结构化数据采集、存储、加工、分析和应用，极大地丰富商业银行的信息资源库，且同已有的企业级数据仓库和历史数据存储系统一起，形成基础数据体系，提供支撑经营管理的各类数据应用。

2. 开发大数据资源，支撑全行经营管理创新

充分利用大数据技术，建设离线数据批量分析、实时数据/流数据分析集群和各类数据分析集市,提供高性能可扩展的分布式计算引擎,通过数据挖掘、计量分析和机器学习等手段,对行内外丰富的大数据资源进行开发使用,并将数据决策化过程结合到风控、营销、营运等经营管理活动中,从而提高经营效率。

3. 构建大数据分析能力,提升业务服务水平

顺应大数据时代潮流,提升业务服务水平是各家商业银行争先想要实现的目标,因此,商业银行应充分运用数据资源,结合大数据项目的落地实施,建立起大数据技术和分析团队,使自身具备自主运营和开发创新业务的能力,占领大数据技术制高点。

4.2.2 商业银行数据来源及应用分析

图4-2展示了大数据平台下商业银行可用的行内外数据来源,数据采集、HDFS、NoSQL数据存储,离线批量计算、实时流计算,各类算法库,以及上层应用层中可能的各类场景。

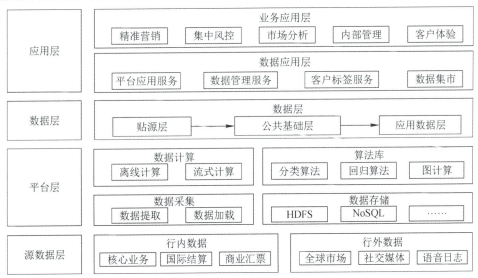

图4-2 大数据架构层级示意图

1. 商业银行数据来源分析

大数据架构从层级划分的角度分析,主要有源数据层、平台层、数据层和应用层,如图4-2所示,其中,源数据层是其他各层的基础。商业银行的数据分为内、外两部分来源。

1) 内部数据资源

与商业银行业务相关的各类数据,是其重要的内部数据资源,主要源自客户信息及其金融交易行为。根据业务分类,内部数据主要包含客户基础数据、支付信息、资产信息和其他,如表4-1所示。

表 4-1 商业银行内部数据概览

数据类型	含义	举例	
		个人客户	企业客户
客户基础数据	描述客户自身特点的数据	个人姓名、性别、年龄、身份、联系方式、职业、生活城市、工作地点、家庭地址、所属行业、具体职业、婚姻状况、教育情况、工作经历、工作技能、账户信息、产品信息、个人爱好等	企业名称、关联企业、所属行业、销售金额、注册资本、账户信息、企业规模、企业地点、分公司情况、客户和供应商、信用评价、主营业务、法人信息等
支付信息	客户通过渠道发生的交易以及现金流信息	工资收入、个人消费、公共事业缴费、信贷还款、转账交易、委托扣款、购买理财产品、购买保险产品、信用卡还款等	供应链应收款项、供应链应付款项、员工工资、企业运营支出、同分公司之间交易、同总公司之间交易、税金支出、理财产品买卖、金融衍生产品购买、公共费用支出、其他转账等
资产信息	客户在金融机构端资产和负债信息	购买的理财产品、定期存款、活期存款、信用贷款、抵押贷款、信用卡负债、抵押房产、企业年金等	企业定期存款、活期存款、信用贷款、抵押贷款、担保额度、应收账款、应付账款、理财产品、票据、债券、固定资产等
其他	—	系统的运行日志、客服语音、视频影像、网站日志等	

2) 外部数据资源

外部数据对商业银行的业务运营具有重要意义,银行内部的客户信息、交易信息等内容是客户在办理银行业务过程中留下的数据痕迹,不能完整地反映客户资产状况和经营信息,因此,需要借助第三方的数据平台,深入了解客户在其他社会机构中的数据信息,以做出正确评价。表 4-2 列举了商业银行常用的外部数据信息。

表 4-2 商业银行外部数据需求类型

外部信息数据	需求类型及应用方式
法院、公安数据	个人严重行政处罚记录(如行政拘留等)、刑事犯罪记录、涉诉情况(人身关系、财产关系)、交通严重违规违章记录
P2P 征信信用数据	个人在 P2P 平台贷款的信用记录
互联网消费行为数据	了解客户消费能力和消费偏好
客户征信信息	客户在其他银行或金融机构的贷款记录、信用记录等信息
第三方征信	客户的评级情况以及客户的社会信息
社保、纳税、公积金	客户的社会保障情况及经济能力
工作单位性质	了解客户社会身份
第三方催收机构	有催收记录的客户信息、客户的社会信息
出入境记录	客户出入境目的地、出入境频率等,了解客户国外消费潜在需求
国内出行记录	了解客户出行习惯

中国农业银行大数据平台海量数据复杂运算处理

2. 大数据应用分析

大数据技术的诞生伴随着广泛的需求背景,在商业银行领域也是如此。目前大数据技术在提高商业银行业务运营效率方面有很大进步,但是大数据技术的作用还没有充分发挥出来,潜在的应用前景十分广泛。

(1)数据库营销(database marketing)。数据库营销是在信息技术发展的背景下,基于互联网和大数据技术逐渐兴起的一种市场营销推广手段。通过收集和学习消费者的数据信息,预测消费者购买某些产品的可能性,并利用这些信息对产品进行精准分析,有针对性地制作营销信息,可实现消费者购买产品的目的。在数据库建立和分析的过程中,可以针对重要客户进行全面了解,给予个性化的服务方式,建立稳定的客户管理体系。

(2)客户群体划分(customer segmentation & classification)。客户群体划分是客户关系管理(customer relationship management,CRM)的基础。由于客户需求具有异质性的特征,只要存在两个以上的客户,就会出现需求差异,且客户的需求、偏好、预算、购买行为等信息是多元的。根据客户群的风俗习惯、收入水平、生活方式等维度进行分类,可以制定不同的品牌推广战略和产品营销策略。大数据技术通过聚类学习,可以实现对客户信息维度多角度的分类,从而精确划分客户群体。

(3)交叉销售(cross-selling)。交叉销售是指向拥有 A 产品的客户推销 B 产品。交叉销售的产品可以是同品牌产品、配件产品等,也可以是相同货架陈列或相同店铺出售的产品。商业银行的负债类和资产类产品具有各自的同质性,通过大数据技术在深度挖掘客户需求的背景下,可实现交叉销售。

(4)客户流失分析(customer churn analysis)。有关客户流失的标准一般有两种情况,一种是合同到期后,客户不再续约;另一种是合同未到期,但是客户不再使用。传统分析方法是通过人工核查的方式试图挽回客户,而大数据技术可以通过构建经验模型和数据特征工程,通过训练流失模型、验证流失模型的机器学习方法来对可能流失的客户群体进行预警。

4.2.3 商业银行大数据平台规划及模块分析

如图 4-3 所示,商业银行的大数据平台主要包含基础平台、数据应用和数据管控三个模块。

1. 大数据分析基础平台

基础平台是将商业银行的历史数据库和新构建的数据仓库结合起来,实现统一的流程调度,形成基础数据体系,分布式存储体系,结构化数据和非结构化数据分类存储、转化体系,形成全行的数据调用基础,支持各类经营管理应用,为上层应用服务。

2. 数据应用系统

基于基础数据平台,建设各类数据集市,一方面形成可视化的统计报表,另一方面为数据分析人员提供建模分析、培育机器算法的基础支撑。在建设各类数据应用系统的过程中,通过运用数据挖掘、计量分析和机器学习等方法相结合的手段,对大数据资源进行深度开发利用,将大数据分析与商业银行全业务相结合,将在日常运营管理、风险控制、客户画像、精准营销中起到重要作用,充分发挥大数据的价值。

3. 数据管控

建立数据管理的标准,不仅要提升数据质量,而且要加强对元数据的管理能力,为平台建设及安全提供保障。设定数据调用的权限,运用数据资源的流程化管理及数据来源的保密管理,可实现数据管控的科学化和法制化。

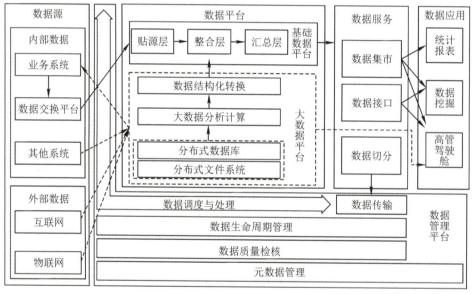

图 4-3 银行大数据平台

4.3 流式计算在信用卡实时大数据中的应用

在目前国内各家商业银行纷纷加快推动大零售战略转型的背景下,信用卡集资产、负债与中间业务于一身,并具有支付、结算、信贷、吸纳存款等多重特点,已经成为银行大零售金融生态圈建设版图中最具增长与盈利潜力的一款战略性金融产品。与一般的零售金融产品不同,信用卡不仅能够满足购买者的金融需求,还能够在产品生命周期内向购买者提供持续、多样化的后续金融服务。在信用卡大数据实时应用领域,各行对客户金融消费场景生态建设的力度不断加大,每日的客户联机交易数据也呈现出快速增长势头。用好日益增长的信用卡实时大数据来进一步深耕客户营销,进一步管控客户风险,进一步提升经营决策水平,流式计算具有广阔的创新应用价值。

4.3.1 实时营销

在介绍实时营销前,我们先来看一下常见的信用卡营销模式,本书将信用卡业务目前常用的营销方式归为以下六类。

1. 非定向式营销

非定向式营销是指商业银行将零售金融产品的营销信息通过自身行内渠道(如银行官方网站、网上银行、掌银 App、手机短信等)、第三方关联渠道(如官方微信公众号、官方微博等)、各种公共媒介(如电视广告、户外平面广告、互联网等),推向所有客户群。

2. 分类定向式营销

分类定向式营销是指商业银行根据自身制定的市场发展规划与经营策略,借助深入的市场调研与分析,有目的性地针对某些特定的市场细分客户群,通过购物中心、电影院线、机场、汽车 4S 店、品牌实体门店、相关互联网线上的媒介(如京东商城、淘宝网、携程旅行网、美团网等)等投送营销金融产品信息、发布或摆放促销活动海报等,向目标分类客户群进行宣传与推介。

3. 交叉销售式营销

交叉销售式营销是指充分利用本行内相对丰富的借记卡客户资源,通过行内联动,充分挖掘具有办理信用卡资质的优良借记卡客户进行重点营销。

4. 客户群型精准营销

客户群型精准营销是在分类定向式营销的基础上借助于数据挖掘、大数据分析等技术手段,对客户群体进行更细粒度的区分,根据不同客户群的消费能力、行为偏好与价值取向,为每个分类客户群提供更为精细化、差异化、个性化的金融产品服务。

5. 个体型精准营销

个体型精准营销是指在一个可以灵活设定的较短时间周期内,商业银行根据自身的相对优势与实际情况,选取合适的客户接触点,通过最为经济的接触方式,直接深入每一位具体的存量客户进行营销,关注和挖掘客户潜在的主动性消费意愿,为其量身定做最优化的金融产品与服务组合,并进行营销信息的端到端推送,进行周期性的循环营销,最大化营销效率。

6. 实时营销

以上五种营销方式从营销事件触发的时滞性上来看,又可称为离线营销(offline marketing)。相较于离线营销,实时营销(real-time marketing)是指客户发生了某种金融性或非金融性交易行为的业务场景,或是客户日常非交易性行为的生活场景满足了发卡银行后台系统的专家营销规则条件,触发了发卡银行在短时间内(一般为秒级)通过手机短信、银行掌银 App、银行官方微信公众号等与客户直接接触的快捷渠道,进行实时营销信息推送。推送内容可以包括推荐的定制化金融产品或服务、关联性强的打折促销等优惠活动信息等。

从以上实时营销的定义可以看出,实时营销是建立在精准营销基础上的营销。实时营销信息的推送内容包含了对于客户交易行为本身或是客户当前所处生活场景的智能分析与判断,但如果没有对客户即时显性需求、即时潜在需求的精准性判断,一味追求实时性则毫无意义。同时,如果精准营销脱离了时效性维度(如上述提及的几种离线营销方式),在当前客户需求稍纵即逝、市场竞争格局异常激烈的大环境下,营销效果就会大打折扣。即使对客户需求在当时时点上的判断再精准,脱离了客户当时所处的业务场景或生活场景,客户的需求也很可能会发生变化,甚至已经失效,或者已经接受了其他发卡行的类似实时营销推荐。因此,借助流式计算平台、能够对客户需求捕获高灵敏度的实时营销,代表了今后信用卡营销方式的发展方向。可以预见,今后主流的信用卡营销方式将是以实时营销为主、以离线营销为辅的业务模式。

流式计算在信用卡实时营销业务中的应用场景可以体现在以下三个方面。第一,客户的金融性交易业务场景。当客户在综合类商场、酒店、餐饮店等各类生活场景用卡消费时,发卡行可以借助流式计算平台对实时交易数据进行获取与计算,结合当前正在推广的营销活动与之进行关联性匹配。例如,客户在餐饮店就餐,可以提示客户下次在与发卡行开展促销活动的其他类似餐饮店消费可以有相应折扣;客户在便利店、超市等地点进行购物,可以提示客户下次使用手机 Apple Pay、HCE 等移动支付方式进行付款时,可以进行打折;客户在家装建材卖场、汽车4S店、电器城等进行消费时,提示客户可以对该笔付款交易办理分期付款;客户通过线上渠道购买飞机票时,可以提示客户办理相应的航空联名卡,可以享有哪些额外的乘机与酒店预订等服务。第二,客户的非金融性交易业务场景。在客户通过手机端登录发卡行掌银App时,可以根据用户在 App 页面上的实时浏览轨迹、相关频道栏目的客户点击量等操作日志流进行实时计算,分析客户感兴趣的产品、服务和促销活动等,并向客户进行有针对性的实时推荐。第三,客户的日常非交易性行为生活场景。可以利用掌银 App 上的基于位置服务(location based service,LBS),获取客户的实时生活轨迹,当客户途经发卡行正在开展促销活动的商户时,可以向客户进行实时推荐。

4.3.2 实时风控

信用卡在发卡与用卡环节的风险管控是发卡银行的一项核心工作。风险防控工作开展的好坏、风险防控水平的高低,直接关系到发卡银行的资产质量与盈利水平高低。近年来,随着各家发卡银行自身发卡量、用卡交易量的不断增长,以及市场上各类风险事件的逐年上升,给各家发卡银行的风控工作带来了很大压力。

信用卡的风控工作贯穿于从客户申请卡片到最后卡片销卡的整个卡片生命周期全过程。从风控工作的业务涵盖范围上看,具体可包括贷前风控、贷中风控、贷后风控三个方面:贷前风控主要是针对信用卡申请人的虚假申请、欺诈申请;贷中风控主要是对持卡人日常用卡交易过程的监控,也包括对卡片被盗或卡片被测录等非客户本人发起的异常交易行为的监控;贷后风控主要是针对已经发生账户逾期或存在恶意透支风险的客户在日常用卡过程中的风险预警,防范客户的恶意透支或不按期归还欠款造成发卡银行更大的资金损失。

当前,各发卡银行的风控体系建设普遍存在的一个问题是对实时风控的支持力度不够,缺少专业的技术支持平台。尤其是在贷中交易风控环节,目前只能够做到准实时监控,即先让交易成功,通过发卡银行后台核心系统的授权、交易金额入账,完成整个支付过程,再联机对这笔交易进行风险度辨识;如果识别该笔交易为风险交易,则对该张卡片的后续交易进行阻断。

流式计算在实时计算处理发卡银行流式交易大数据方面具有很好的业务应用场景,具体体现在以下几个方面。第一,在贷前风控上,可以借助流式计算平台的实时计算能力,并融合离线监督式、无监督式机器学习模型对欺诈案例的强大侦测能力,实现对于信用卡申请欺诈风险识别的在线实时决策。第二,在贷中风控上,利用流式计算技术搭建以实时交易监控为主、准实时交易监控为辅的新型贷中交易监控体系架构,进一步加强对于风险交易的预警与提前阻截功能。第三,在贷后风控上,目前发卡银行普遍采取客户账单逾期三期以上未进行还款才发起催收工作,借助于流式计算平台,可以搭建起针对已经发生逾期但暂未达到发卡银行入催条件的持卡人的实时预警机制,通过实时监控其日常用卡交易行为来识别此类客户是否存在潜在恶意透支风险,便于及早发现并及时处理。这不仅降低了后续催收的工作量与难度,也可为发卡银行挽回潜在、不必要的资金损失。第四,在客户风控数据收集上,由于发卡银行核心系统的定位问题,传统上很难将客户交易数据相关的大量辅助性但却具有相当价值的信息保存下来;而借助流式计算平台,则可以有选择地将平台获取到的流数据中能够表征客户细分属性的相关基础性数据域保存下来。例如,将日常活动范围、交易支付习惯、常用手机终端型号、常用地域等转存下来,为后续离线机器学习模型不断调优提供精准的训练样本数据。

4.3.3 客户标签梳理与管理

目前,各发卡银行的业务经营决策在一定程度上依赖于定期地汇总业务经营数据,其数据加工方式主要包括两种形式:一种是存在一定迟滞性的、由相关系统生成的格式与数据域固定的业务报表,通常以周、月等时间维度进行展示;另一种是借助于离线大数据,通过 SAS 等专业数据统计工具编写程序,获取针对某个专题的数据报表展示。相比于第一种方式,第二种方式抽取的数据源表范围更广、具体数据种类及数据域选择性更大,但本身的数据抽取、程序编写与调试、程序执行与报表生成均需要一定的时间。目前以上两种方式在对发卡银行的经营决策支持上仍存在很大的局限性,主要表现有:第一,报表生成的时效性不高,很难将最新的业务运营情况及时反馈到决策者手中;第二,由于相关系统留存的数据种类限制,生成的报表内容无法完全满足业务经营决策的需要。

流式计算能够有力推动信用卡业务经营决策支持进一步向实时化、精细化、智能化方向发展,具体表现在以下几个方面:第一,新产品发行的后评价。流式计算平台能够从客户申请流数据中实时统计新产品发行后各个渠道的累计对应申请量、申请客户的结构与质量等,便于决策者能够及时优化、调整新产品的申请渠道、产品宣传的策略以及产品后续的升级方向等。第二,市场营销活动开展的后评价。流式计算平台能够从客户交易流数据中实时筛选并统计出参与营销活动签约商户的对应交易量与交易金额、整个营销活动按时间段累计的总交易笔数和金额等,便于决策者能够及时评估营销策略、调整营销活动部署并将数据统计情况与相关营销活动签约商户进行反馈与沟通。第三,更细粒度地收集一般系统未考虑也很难进行保存的客户行为类数据。流式计算平台可以实时收集并统计客户与发卡银行的掌银 App 之间的行为交互数据。例如,客户对页面上放置的哪类产品或营销活动介绍的关注度高、点击次数多,哪些页面功能的使用率高,客户在掌银 App 内的平均访问路径长度,哪些配色和哪种图片风格的页面更容易受到客户的点击浏览等。这些数据对于发卡银行后续调整掌银 App 的频道菜单设置与页面布局、风格设计、图片搭配、营销活动的推送顺序及热门营销活动的页面摆放位置,受客户欢迎的实用功能访问的路径长度设计等,均具有关键性的参考意义。第四,日常业务运营情况实时汇总。流式计算平台可以实时采集客户使用掌银 App、网银等与客户间主要线上交互渠道的具体情况并进行分类汇总统计,包括日新增 App 下载量、日新增用户量、日活跃用户量、页面日访问量、用户日均登录次数、用户日均在线时长、最高在线客户数、日均在线客户数、日金融性交易笔数、日金融性交易额等指标。通过每日的实时运营数据的汇总展示,可以让决策者掌握最新的客户行为动向,为后续进一步策划出针对客户引流、促活与促销的不同形式的促销活动提供决策依据。

4.4 大数据优化商业银行网点服务

商业银行合理布局规划城市的区位网点,可以为网点经营打下良好基础。但商业银行网点经营过程中,面临着周边客群洞察效率低下、存量客户价值提升效果不佳、获客效率低、以厅堂服务为主且外拓营销效率低等方面的痛点。

4.4.1 网点经营管理弱点

1. 周边客群洞察效率低下

周边客群洞察是支持网点管理者制定网点经营规划、经营策略和网点管理的基础。传统客群洞察的方法主要依靠员工经验和走访,开展本机构用户渗透情况、周边客户和商业资源盘点,信息收集效率低,信息维度少且无法及时更新,可能会导致经营规划、经营策略和实际周边资源产生偏差,同时网点经营人员排班和营业时间不合理的情况时有发生。

2. 存量用户价值提升效果不佳

部分商业银行长期深耕区域市场,在当地市场份额占比较高,提升存量客户价值是业绩提升的关键。但传统网点经营场景下,不易了解客户资产全貌、客户资金外部流向和客户全景画像等,导致存量客户激活和价值提升无法精准操作,存量用户价值提升效果不佳。

3. 获客效率低

部分商业银行进入城市周期尚短,对如何快速获取目标新客有迫切需求。传统网点获取新客的方式包括网点自然流入、老客户转介、外部拓展等,需要员工深度了解客户关系网,或通过营销活动无差别营销,更多依赖于人工获取客户关系网数据,通过邀约面谈方式进行。但是,经营时间较短的商业银行缺乏有力的客户关系网,同时,缺少洞察工具和周边潜力新客数据的支撑。

4. 以厅堂服务为主,外拓营销效率低

传统厅堂营销模式多依赖于网点区位和品牌效应,吸引周边客群的自然流入,营销方式多为外拓业务、网格化营销和异业结盟等,且网点精准引流建立客户关系的措施不足,营销过程中缺乏对客户全面视图的了解。

在外拓营销方面,传统模式下主要依赖员工经验确定营销主题、外拓地点和时间,了解周边业态、客群画像和客户渗透情况的手段相对低效。

总体来说,商业银行网点经营的传统方式虽然有效,但可通过大数据技术提升经营能力。

4.4.2 网点经营的大数据应用场景

表 4-3 归纳了大数据技术优化、提升商业银行经营能力的应用场景及策略。利用丰富的移动端设备建立兴趣标签、人流数据和 POI① 数据等,借助地理应用平台、智推和门店探针等工具,可洞察周边客群和进行业态画像,提升用户生命周期价值,助力网点渠道引流和客户关系建立,增强营销触及能力,从而系统性提升客群管理和网点经营能力。

表 4-3 大数据在银行网点经营应用场景

大数据应用场景			大数据应用策略
客群经营	周边客群和业态洞察		周边业态洞察:周边基本业态、人口/人流趋势等
			客群画像洞察:周边人群数量、年龄结构、收入水平、特征偏好、活动轨迹等
			周边本企业客户渗透:周边企业群体、各资产端渗透率、各功能区渗透率等
	客户发展	提升存量客户价值	存量低价值客户激活:综合一、三方数据资源和营销资源,客群分层洞察,实施线上线下协同的营销方案等
			中高价值客户价值提升:客群分层洞察,基于数据和算法识别并营销有潜力提升的客群等
		获取新客	高价值相似人群洞察:基于数据算法,识别并触达网点周边潜力高价值人群等
			老带新:基于存量客户设备与家庭成员或其他关系设备的关联性,分层识别老客户转介绍价值等
	多元化营销模式	厅堂营销	客户识别与画像:通过人脸识别客户,综合内外部用户标签数据构建用户画像,支持精准营销等
			线上引流:基于周边目标客群洞察和设备号的触达手段,引导潜客到店开立账户等
		外拓营销	基于周边业态洞察、客群画像和客户渗透情况,识别线下重点营销区域和目标客户集聚时段,指导线下外拓营销
		B2B2C	周边商业洞察:围绕目标客群构建生活/商业场景,通过小程序等平台构建营销环境
网点资源管理	网点排班与制定营业时间		网点客流预测模型:基于网点周边人口/客流数据,建模预测网点客流,指导网点人员排班和制定营业时间

---

① 指兴趣点(point of interest,POI)。

1. 周边客群和业态洞察

(1)周边客群和业态洞察的围栏构建。地理围栏技术是一种基于位置的营销策略,可以通过构建地理围栏,研究网点周围的人群画像和生活/商业场景。地理围栏技术支持企业通过简单地提供虚拟边界来瞄准最合格的受众,当目标客户进入该边界时,他们会为特定业务激活广告或推送通知——吸引该边界内的潜在客户访问店面。地理围栏构建支持"圆点+半径、出行圈、多边形、九宫格、行政区域、自定义坐标"等方式,有助于金融机构有针对性地构建生活场景,支持洞察网点周边人群和消费偏好,找到人流密集的商户等优质业态资源,促进银行和商户等资源合作。

(2)周边客群和业态洞察。金融机构可通过数据快速洞察区域客户渗透、周边客群画像和周边业态情况。基于金融机构 App 客户在区域内分布情况和算法校验,可对本机构客户人群进行分层研究,洞察区域中分层客户渗透情况。通过本行客户的区域渗透洞察,可发现本行客户人群活动规律,识别后续目标客户区域,拓展增长空间。

通过洞察用户兴趣偏好和周边业态,可以完善用户画像,识别线下重点营销区域和目标客户集聚时段,指导线下外拓营销,提升线下渠道营销效率。

如图4-4所示,通过开展网点周边客群和业态洞察,帮助其识别客户弱渗透区域和优质商业资源,从而对网点经营和商业资源协同起到良好的指导作用。同时,通过对网点周边典型聚合支付商户的会员和客流洞察,可助力商户客户资源和周边客流的转化。

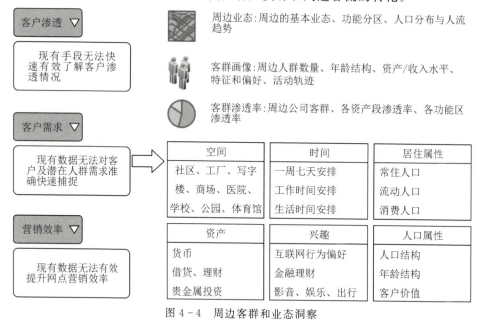

图4-4 周边客群和业态洞察

2. 客户发展

(1)存量客户价值提升。在网点对周边客群覆盖率较高的场景下,如何激活存量低端潜力客户、提升中高端客户价值,回答清楚"对什么类型客户,在什么样的合适时间,通过什么合适渠道,用什么激励措施,营销什么产品和服务",对网点经营业绩提升有重大意义。通过大数据技术,基于用户生命周期价值构建用户分层研究模型,关注存量客户的社会属性、年龄分布、职业特点、用户价值、营销激励偏好、交易行为分时段、触点偏好和产品偏好等,进而制定分层营销方案,可以系统提升客户价值。

对脱落用户和资产流失用户,应制定针对性的挽留措施。对潜在投资用户和潜在投资活跃用户,应制定精细化的营销闭环策略。对高价值用户群,应识别存量客群中与高价值用户的特征类似的人群,并制定精准营销措施,实现目标客群的层级跃迁。

例如,某城商业银行有数十万规模的代发工资客群,但客户资金留存率低。为提升用户价值,商业银行可利用大数据技术,对代发工资客群精准营销,如图4-5所示,可定位到代发脱落用户以及资产流失用户,并基于用户画像制定针对性挽回策略;通过模型算法挖掘潜在投资用户以及潜在活跃投资用户,洞察用户画像制定精细化营销闭环策略;建立多维数据处理方法以及用户价值体系咨询方法,指导业务运营。

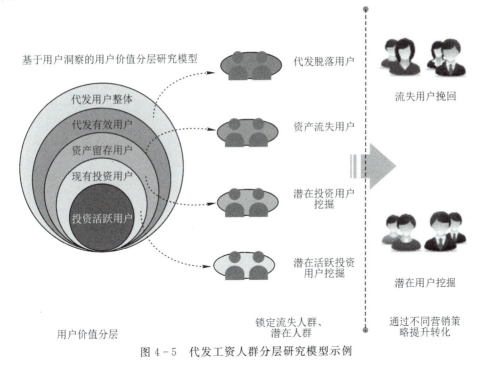

图4-5 代发工资人群分层研究模型示例

(2)获取新客。通过大数据技术,可计算区域内高价值相似人群,便于商业银行实现其目标人群的营销触达。通过商业银行用户区域渗透情况洞察,从而对低渗透率地域的潜力目标客户进行营销触达。基于潜力客户的职住分析,Wi-Fi共同连接的设备关联关系,洞察设备背后用户的关系网,进而对潜力目标新客进行营销触达。

3. 多元化的营销模式

(1)厅堂营销。金融机构厅堂营销场景中,对贵宾客户的及时识别,有助于提升客户服务体验;对目标客户全景画像的洞察,有助于员工为客户做综合资产配置、产品推荐和增值服务时,提供合适的产品和服务。同时,通过对周边目标新客资源的画像洞察和智推服务,便于客户引导潜力客户到店开立账户,并建立客户关系。

(2)外拓营销设计和网格化营销。

①外拓营销：通过城市/区域的人群洞察，了解目标人群集聚位置、兴趣偏好和理财偏好等，进而指导在合适的时间、合适的地点、开展合适主题的营销活动时，赠送客户感兴趣的权益礼品等。

②网格化营销：通过地理应用封装平台，支持网格化营销构建可视化地图；结合POI类数据统计和目标客户洞察，助力网格化营销。

(3)B2B2C营销。通过城市商业资源POI数据洞察，可寻找人流密集的商户等优质资源，促进银行和商户合作。通过引导商户的客流向金融机构推荐（如支付卡券优惠活动等），金融机构通过线上活动优惠、线下网点渠道宣传等方式，助力商户客源引流，打造线下网点生态闭环。如通过小程序等工具，实现网点业务办理预约、网点定位、周边联盟商户优惠、卡券核销营销活动等，构建线下渠道生态，实现生态获客和经营闭环。

如图4-6所示，某城商行希望把收单商户的客户资源转化为本行客户，利用大数据技术，通过客户洞察发现用户消费偏好和位置聚集特点，从而建议银行通过制定针对性支付卡券优惠活动吸引目标用户。同时，优化产品功能，基于客户实时地理位置，为客户由近到远展示附近的特惠商户，并推荐热门的商户活动。另外，商业银行应把金融服务融入客户高频生活场景，使优惠触手可及，从而引导用户转化为本行客户，帮助银行实现批量获客和用户交易促活。

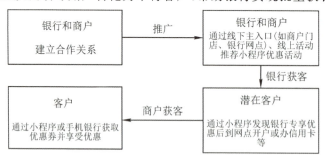

图4-6 某商行小程序获客流程

4. 网点人员排班和营业时间制定

网点人员排班和营业时间的制定，和网点客流预测紧密相关。利用大数据技术，基于网点周边人流、常住人口数据、周边客流的人口属性、金融特征、交通信息等，创建网点客流分析模型，并基于行内柜面业务、自助设备分流、客流流动潮汐等相关数据，可测算网点柜员排班需求和营业时间，从而指导岗位配置调整，如图4-7所示。

总之，金融行业网点渠道的大数据需求，既需要丰富的基于LBS的设备地理位置类信息、城市POI与AOI类信息，也需要丰富的设备多元线上行为标签数据，甚至包含宏观经济等数据，从而支撑网点渠道经营的多元场景分析，如商业业态、基础设施、人流聚集迁徙、人群属性、职住分析预测等。

通过数据挖掘和分析，银行网点能够了解其区域客户资源，了解城市商业合作资源，从而搭建多元客户营销触达渠道，助于网点渠道客户引流、精准营销和经营管理。

第4章 大数据在商业银行中的应用

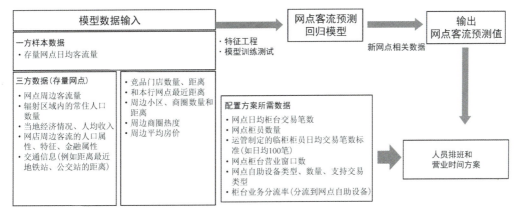

图 4-7 网点客流预测示例

 课后习题

一、名词解释

负债业务　资产业务　贷款业务　证券投资业务　中间业务　数据库营销　客户群体划分　交叉营销　客户流失分析　非定向式营销　分类定向式营销　客户群型精准营销　实时营销

二、简述题

1. 简述商业银行大数据平台需求。
2. 简述商业银行数据来源。
3. 简述商业银行大数据平台的主要模块。
4. 简述流式计算在信用卡营销业务中的主要场景。
5. 简述流式计算在信用卡实时风控业务中的主要场景。
6. 简述大数据技术在客户发展方面的应用策略。
7. 简述大数据技术在多元化营销模式方面的应用策略。

第 5 章　大数据在证券行业中的应用

学习目标

掌握证券大数据平台设计要点；

掌握量化投资分析基本概念；

掌握投资情绪分析方法。

导入案例

大数据技术助力某证券公司业务发展

国内某知名证券公司，连续多年被评为行业最高的 A 类 AA 级企业，主营业务为证券代理买卖、融资融券、基金代销，以及与证券交易、投资活动有关的财务顾问等服务。该证券公司为进一步提升自身竞争力，想在产品和服务方面做出差异化，为广大用户提供个性化资讯服务，甚至更进一步的个性化理财服务，从而提升用户体验，深化用户为中心的服务。

一、企业面临的问题与需求

1. 盲目的营销活动

该企业的营销活动设计及推广渠道缺少针对性，多为广撒网式，在消费者日益个性化、媒介使用习惯碎片化的今天，广撒网式的营销活动效果微弱。

2. 金融终端用户黏性低

该企业对自身用户的偏好和需求缺乏了解，用户在该品牌的金融终端难以获取自己感兴趣的金融资讯和理财产品，用户停留时间短，活跃度低。

3. 数据维度不够，处理能力有限

该企业只有用户的静态和交易记录信息，缺乏交易过程中的浏览行为轨迹数据。并且大多数用户行为都是匿名的，缺乏分析手段，同时很多资讯信息，特别是投研报告，都是以非结构化的 PDF 形式存在，缺乏有效的分析。目前，该企业主要根据用户静态信息进行用户分群和营销，时效性较差。

二、大数据服务联盟解决方案

1. 所有信息统一管理

建立统一的数据管理中心，整合用户静态和动态信息，包括开户信息、持仓情况、交易明细、金融行为和浏览资讯行为、咨询、客户投诉等。

2. 实时分析与匿名用户识别

基于内存数据库、实时数据采集和分析技术，实时采集用户浏览资讯和购买金融产品行为，并通过用户多重 ID 打通技术，将用户实名和匿名行为整合在一起，进行实时的用户意图预测。

3. 业务需求驱动的用户画像

在深入理解证券业务的基础上,采用了文本分析、文本建模、用户聚类分类、RFM模型等数据挖掘手段,根据用户的静态和动态信息对用户进行划分,并为每个用户打上多维度的业务标签,通过用户画像深入了解用户需求与偏好,从而制定有针对性的营销活动。

4. 个性化服务提升用户体验

本方案独创的个性化引擎,融合场景引擎、算法引擎、规则引擎三大引擎,一直具有较高的推荐转化率。本项目根据该证券企业的业务特点,改造了本方案个性化引擎的部分算法和业务规则,根据用户静态、动态信息为其推荐感兴趣的股票、理财产品和上市公司资讯。同时,结合用户画像灵活地支持该企业对指定细分用户群体的营销活动。

三、项目收益

目前该证券企业项目已上线运行。项目帮助该企业更好地了解自身用户,通过用户细分和对用户触媒习惯的了解,针对性地制定营销活动及选择推广渠道,避免了广撒网式的资金浪费,极大地降低了营销活动的成本,在持续提升营销活动和推广渠道效率的同时,有效减少了对用户的骚扰,降低了用户投诉率。

此外,通过金融终端个性化的、实时的资讯和服务推荐,迎合用户资讯及产品的需求与偏好,快速提升用户在企业金融终端的黏性和停留时间,为该企业的金融终端带来了耳目一新的用户体验。

案例思考题:

1. 试补充证券企业的数据问题。
2. 如何解决你提出的数据问题?

5.1 证券传统业务及数据问题

证券行业的主要收入来源于经纪业务、资产管理、投融资服务和自由资金投资等。外部数据的分析,特别是行业数据的分析有助于其业务发展。

5.1.1 经纪业务

证券经纪业务,是指在证券交易活动中,证券经纪商接受投资者委托,处理交易指令、办理清算交收的经营性活动。

在证券经纪业务中,委托人是指依国家法律法规,进行证券买卖的自然人或法人。证券经纪商是指接受客户委托、代客买卖证券并以此收取佣金的中间人。证券经纪商必须遵照客户发出的委托指令进行证券买卖,并尽可能以最有利的价格使委托指令得以执行,但证券经纪商不承担交易中的价格风险。

证券经纪业务主要包含以下流程:

1. 开户

账户的类型包括证券账户和资金账户。证券账户按照开户人的不同,可以分为个人账户和法人账户。一个投资者只能申请开立一个一码通账户,并且在同一市场最多可以申请开立3个A股账户、封闭式基金账户,需要注意的是,信用账户、B股账户也只能申请开立1个。

资金账户包括现金账户和保证金账户。现金账户最为普通,不能透支。保证金账户则允许客户使用经纪人或银行的贷款购买证券,所有的信用交易和期权交易均在保证金账户进行。

2. 交易委托

在开户后,客户可以委托证券经纪人进行交易。客户在委托时需要说明:买卖证券的具体名称,买进或卖出的数量,报价方式,委托有效期。

3. 委托成交

证券交易所撮合主机对接受的委托进行合法性检验,按照"价格优先、时间优先"的原则,自动撮合以确定成交价格。

竞价原则包括集合竞价和连续竞价。集合竞价是指对一段时间内接收的买卖申报一次性集中撮合的竞价方式。在我国,开盘价是集合了竞价的结果,竞价时间为每天上午9:15—9:25,其余时间进行连续竞价。连续竞价是投资者在做出买卖决定后,向经纪商发出买卖委托,经纪商将买卖订单输入交易系统,交易系统根据市场上已有的订单进行撮合。根据竞价规制,如果发现与之匹配的订单,可即刻成交。

4. 股权登记

发行公司委托专门的登记机构建立其所有股东的名册,并在每一次股权转让行为发生后进行变更登记。

5. 证券存管

证券存管是由法定登记机构的证券登记结算机构及其代理机构,接受投资者委托向其提供记名证券的交易过户、非交易过户等股权登记变更、分红派息以及股票账户查询挂失等各项服务,使股东权益和股权变更得以最终确定的一项制度。

6. 证券结算

证券结算是在每一个交易日对每个经纪商成交的证券数量与价款分别予以轧抵,对证券和资金的应收或应付净额进行计算的过程。清算后,买卖双方在事先约定的时间内履行合约,钱货两清。在这期间,证券的收付称为交割,资金的收付称为交收。

5.1.2 资产管理

资产管理业务是指银行、信托、证券、基金、期货、保险资产管理机构和金融资产投资公司等金融机构接受投资者委托,对受托的投资者财产进行投资和管理的金融服务。资产管理业务是证券经营机构在传统业务基础上发展的新型业务。国外较为成熟的证券市场中,投资者大都愿意委托专业人士管理自己的财产,以取得稳定的收益。证券经营机构通过建立附属机构来管理投资者委托的资产。投资者将自己的资金交给训练有素的专业人员进行管理,避免了因专业知识和投资经验不足而可能引起的不必要风险,这对整个证券市场发展也有一定的稳定作用。证券公司应当充分了解并向客户披露基础资产所有人或融资主体的诚信合规状况、基础资产的权属情况、有无担保安排及具体情况、投资目标的风险收益特征等相关重大事项。

资产管理业务主要有以下三种类型:

1. 为单一客户办理定向资产管理服务

证券公司为单一客户办理定向资产管理业务,应当与客户签订定向资产管理合同,通过专门账户为客户提供资产管理服务。证券公司办理定向资产管理业务,接受单个客户的资产净值不得低于人民币 100 万元。

2. 为多个客户办理集合资产管理业务

证券公司为多个客户办理集合资产管理业务时,应当设立集合资产管理计划,与客户签订集合资产管理合同,将客户资产交由取得基金托管业务资格的资产托管机构托管,通过专门账户为客户提供资产管理服务。

证券公司办理集合资产管理业务,只能接受货币资金形式的资产,将集合资产管理计划设定为均等份额,并可以根据风险收益特征划分为不同种类。集合资产管理合同应当对客户参与和退出集合资产管理计划的时间、方式、价格、程序等事项做出明确约定。参与集合资产管理计划的客户不得转让其所拥有的份额,但是法律、行政法规和中国证监会另有规定的除外。证券公司、资产托管机构和客户应当在资产管理合同中明确约定自有资金参与和退出的条件、程序、风险揭示和信息披露等事项,合同约定承担责任的自有资金,还应当对金额做出约定。证券公司应当采取措施,有效防范利益冲突,保护客户利益。

3. 为客户特定目的办理专项资产管理业务

证券公司为客户办理特定目的的专项资产管理业务时,应当签订专项资产管理合同,针对客户的特殊要求和基础资产的具体情况,设定特定投资目标,通过专门账户为客户提供资产管理服务。证券公司将定向资产管理业务的客户资产投资于上市公司的股票,发生客户应当履行公告、报告、要约收购等法律、行政法规和中国证监会规定义务的情形时,证券公司应当立即通知有关客户,并督促其履行相应义务;客户拒不履行的,证券公司应当向证券交易所报告。

5.1.3 投融资服务

证券融资是资金盈余单位和赤字单位之间以有价证券为媒介实现资金融通的金融活动。这种金融活动的基本形式是:资金赤字单位在市场上向资金盈余单位发售有价证券,募得资金,资金盈余单位购入有价证券,获得有价证券所代表的财产所有权、收益权或债权。证券持有者若要收回投资,可以通过市场将证券转让给其他投资者。证券可以不断地转让流通,使投资者的资金得以灵活周转。

证券融资是一种直接融资。证券融资使资金赤字单位和盈余单位直接接触,形成直接的权利和义务关系,而没有另外的权利义务主体介入其中。促成证券发行买卖的中介机构,如证券公司、投资公司、证券交易所等自身不充当权利义务主体,是连接赤字单位和盈余单位的服务性媒体,真实的资金交易是由赤字单位和盈余单位直接充当权利主体而实现的,因此,证券融资是一种直接融资。

证券融资是一种强市场性的金融活动。所谓强市场性是相对于商业票据融资、银行信贷等以双边协议形式(如购销双方发生商业信用而签发汇票、银企双方发生信贷关系签出贷款合同等)完成资金交易的弱市场性而言的。证券融资一般是在一个公开和广泛的市场范围内由众多资金交易者通过对有价证券的公开自由竞价买卖来实现的。

证券投资是指投资者(法人或自然人)买卖股票、债券、基金券等有价证券以及这些有价证券的衍生品,以获取差价、利息及资本利得的投资行为和投资过程,是间接投资的重要形式。

证券投资具有如下一些特点:①证券投资具有高度的"市场力";②证券投资是对预期会带来收益的有价证券的风险投资;③投资和投机是证券投资活动中不可缺少的两种行为;④二级市场的证券投资不会增加社会资本总量;⑤证券投资具有风险性;⑥证券投资具有收益性。

证券投资具有如下作用:①证券投资为社会提供了筹集资金的重要渠道;②证券投资有利于调节资金投向,提高资金使用效率,从而引导资源合理流动,实现资源的优化配置;③证券投资有利于改善企业经营管理,提高企业经济效益和社会知名度,促进企业的行为合理化;④证券投资为中央银行进行金融宏观调控提供了重要手段,对国民经济的持续、高效发展具有重要意义;⑤证券投资可以促进国际经济交流。

5.1.4　证券行业数据问题

目前证券行业存在以下数据问题:

(1)数据预算约束:证券行业的许多金融科技预算并不是为创新提供资金,而是用于金融合规和欺诈检测的"防御性"应用程序,大数据发展战略不清晰,对大数据平台的战略规划不合理。

(2)系统陈旧:证券行业老化的数据系统很大程度上无法存储、汇总和分析来自不同数据源的客户和服务的海量数据,浪费了大量的数据资源。

(3)应用缺位:面对迅猛发展的大数据变革环境,证券行业对于大数据改革缺乏具体落地的数据应用,对大数据应用场景不明确。

(4)决策谨慎:由于证券行业在数据安全、风险管理及合规性等方面的高要求,在大数据平台建设时需要寻找更加谨慎的方案,即要在充分利用大数据技术、持续优化技术和业务架构与满足各方面的安全和稳定性之间取得平衡。

5.2　大数据技术平台设计

5.2.1　证券大数据平台需求分析

互通不同系统之间的数据屏障,梳理各模块、各部门的数据资源,结合大数据分布式存储、处理技术,设计实时行情分析、股票推荐、客户营销等主题模块,可提升证券行业综合数据管理、共享、实时分析能力,提升证券行业业务运行能力与服务能力。

1. 数据治理

对现有指标体系进行梳理和完善,规范化数据模型层,更好地支撑业务能力。同时,多维可视化展现公司管理层、机构管理部、分支机构(分公司、营业部)所关心的指标体系,以及对历史数据进行查询统计分析,使数据展示更直观,交互性更强。

2. 数据仓库和技术平台

证券行业拥有的数据类型有个人属性信息(如用户名称、手机号码、家庭地址、邮件地址等)、交易用户的资产和交易记录、用户收益数据等。证券行业需要通过数据挖掘和分析找到高频交易客户、资产较高的客户和理财客户,同时借助于数据分析的结果,根据客户的特点进行精准营销,推荐针对性服务。

3. 数据应用

证券公司可以利用数据来建立业务场景,筛选目标客户,为用户提供适合的产品,提高单个客户收入。同时,集中企业内外数据,在大数据平台下进行分布式存储和计算处理。另外,证券公司可分析海量个人投资者真实投资交易信息,来了解个人投资者交易行为的变化、投资信心的状态与发展趋势、对市场的预期及当前的风险偏好等信息,从而推荐针对性服务。

5.2.2 证券数据来源及应用分析

图 5-1 是证券大数据的层级示意图,根据数据产生到应用过程,分为源数据、平台层、数据层和应用层四个部分。

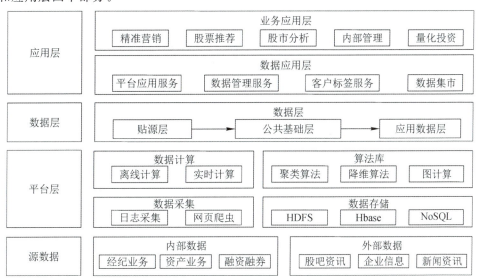

图 5-1 证券大数据平台层级示意图

1. 数据来源

证券公司的数据来源按内部和外部划分来看,内部数据主要包含各业务系统中产生的数据,如图 5-1 所示的经纪业务、资产业务、融资融券等,外部数据主要包含各类股吧资讯、企业信息、新闻资讯等。证券公司的数据类型多样,有音频、文本、图片等非结构化数据。

新闻资讯：将外购的资讯数据进行集中存储，并将各系统的资讯信息根据准确性和时效性进行清洗和整合，最终形成一份较完整、准确性和时效性较高的资讯数据，并发布到各应用系统，提供数据服务。

股吧资讯：完成对各App交易平台和网络论坛的整理和归集，作为客户交易数据的补充，提供更有效、更全面的数据标签，为客户更精准服务提供数据支撑服务。

2. 应用分析

证券行业大数据在客户管理、股价预测、量化投资、投资景气指数等方面应用较多。

1) 股价预测

自股票市场诞生，人们就希望可以预测股票市场走向，从而获得超额收益，因此，对股价预测从未停歇。在对股价波动规律及影响因素不断探索中，形成了经典的理论基础，如有效市场假说、行为金融学理论、适应性市场假说等。近年来，大数据与人工智能算法为股价预测带来了全新的研究视角与技术手段，在数据来源上，突破了传统方法中仅利用金融时序数据作为输入变量的股价趋势预测，在预测方法上，引入了如机器学习、深度学习等全新的预测模型。

2) 客户关系管理

建立良好的客户关系管理体制，首先需要进行客户细分。客户细分是指通过分析客户的账户状态（类型、生命周期、投资时间）、账户价值（资产峰值、资产均值、交易量、佣金贡献和成本等）、交易习惯（周转率、市场关注度、仓位、平均持股市值、平均持股时间、单笔交易均值和日均成交量等）、投资偏好（偏好品种、下单渠道和是否申购）及投资收益（本期相对收益、今年相对收益和投资能力等）等，来进行客户聚类和细分，从而发现客户交易模式类型，找出最有价值和盈利潜力的客户群，以及他们最需要的服务，进而更好地配置资源和制定政策，改进服务，抓住最有价值的客户。

其次要做好客户流失预测。券商可根据客户历史交易行为和流失情况来建模，从而预测客户流失的概率。例如，2012年海通证券自主开发的"基于数据挖掘算法的证券客户行为特征分析技术"主要应用在客户深度画像及基于画像的用户流失概率预测中。通过对海通100多万样本客户、半年交易记录的海量信息进行分析，建立了客户分类、客户偏好、客户流失概率的模型。该项技术通过对客户行为的量化分析来测算客户将来可能流失的概率。

3) 投资景气指数预测

例如，2012年，国泰君安推出了个人投资者投资景气指数，通过一个独特的视角传递个人投资者对市场的预期、当期的风险偏好等信息。国泰君安研究所通过对海量个人投资者样本进行持续性跟踪监测，对账本投资收益率、持仓率、资金流动情况等一系列指标进行统计、加权汇总后，得到了综合性投资景气指数。

5.2.3 证券大数据平台规划及模块分析

数据从产生到应用输出，有数据采集、中转、存储、加工、模型、产品化等环节（见图5-2）。

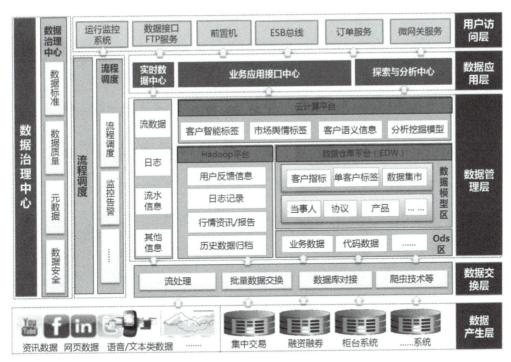

图 5-2 证券大数据平台

1. 实时数据采集与处理

在证券公司复杂的系统中,有很多种类型的数据,其中日志数据是需要实时收集处理的。日志数据包括系统日志、服务日志、访问日志等。研发人员可以通过日志检查服务的异常,运维人员可以通过日志检查系统的健康状态,产品、运营人员能够根据访问日志分析线上产品使用情况,制定产品优化策略。

本书以阿帕奇(Apache)公司的日志收集系统(Flume)开源方案为例,介绍证券数据日志采集特点。该日志采集系统是一个分布式、可靠、高可用的海量日志聚合的系统,支持在系统中定制各类数据发送方,用于收集离线数据和实时数据,同时还可对数据进行简单处理并写给各种数据接收方(见图 5-3)。

【Agent-1】:位于采集层,用于收集应用 A 产生的日志,这些日志不仅需要保存到 HDFS 系统中用于离线分析,同时也需要发送给 Kafka 系统用于实时计算。

【Agent-2】:位于采集层,用于收集应用 B 产生的日志,这些日志只需要发送给 Kafka 系统用于实时计算。

【Agent-3】:位于汇总层,用于处理【Agent-1】发送来的数据,由于需要同时将数据发送给 HDFS 系统和 Kafka 系统,所以配置了两条传输通道。

【Agent-4】:位于汇总层,用于处理【Agent-2】发送过来的数据,只需要将数据发送给 Kafka 系统进行实时计算,所以配置了一条传输通道。

使用 Flume 能够做到快速部署新的收集节点,能够适应快速迭代的开发节奏,并且其稳定的特点能够保证数据收集的实时性,保证数据不丢失。在数据实时收集系统后面,直接对接

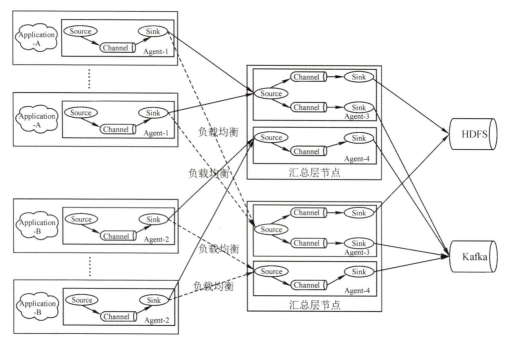

图 5-3 日志采集系统

流式计算系统。流式计算的引入是源自业务对海量数据在"时效"价值上的挖掘诉求,如风险监测与告警、服务器健康状态实时监测、产品应用统计分析、内容实时推荐等。

2. 大数据离线存储与计算

无论是实时日志还是数据库数据,最终都要落入大数据平台中。在现有的大数据平台解决方案中,Hadoop 无疑是众多方案中的佼佼者。数据存储底层可使用 HDFS 分布式文件系统,使用 HBase 作为列式存储的方案,Hive 作为数据仓库的技术方案。

HBase 的优势在于它是基于 HDFS 存储,面向列的数据库设计,支持随机读取,用来作在线分析处理(OLAP)。Hive 将结构化的数据映射为一张数据库表,并提供 HQL(Hive SQL)查询功能,成为数据仓库的管理员。Hive SQL 可以方便地使用 SQL 语法来完成各种任务,无论是简单查询还是线上任务,都成为开发者的首选。

3. 大数据实时检索

在大数据时代,数据的快速检索、查找成为必要任务,对证券行业尤为重要。海量数据的存储问题已被 HDFS 分布式文件系统解决,但面对如此巨大的数据,检索所需信息便成为大海捞针一样的难题,传统的数据库检索技术在海量数据面前已不再适用。

数据实时检索技术应用于多种业务场景,如用户行为分析、客户实时账单、系统入侵检测、日志分析、推荐系统等场景。这些场景对实时技术的使用,可以提高用户的使用体验。

实时检索这个技术模块可采用开源的 Elastic Search 作为技术方案。Elastic Search 是一个基于 Lucene 构建的开源、分布式、restful 的搜索引擎,具有性能稳定、可用性高、模式自由、使用方便等特点。

5.3 大数据量化投资

5.3.1 量化投资的主要策略

1. 量化选股

量化选股就是采用数量的方法判断某个公司是否值得买入的行为。根据某个方法,如果该公司满足了该方法的条件,则放入股票池,如果不满足,则从股票池中剔除。量化选股的方法有很多种,总的来说,可以分为公司估值法、趋势法和资金法三大类。公司估值法通过对基本面分析得出公司股票的理论价格,在与市场价格比较下决定高估或低估,进而决定买空或卖空。趋势法将市场表现分为强市、弱市和盘整三种形态,投资者进行逆势操作。资金法是根据市场主力资金的流动方向来制定投资决策。

2. 量化择时

股市的可预测性问题与有效市场假说密切相关。如果有效市场理论或有效市场假说成立,股票价格充分反映了所有相关的信息,价格变化服从随机游走,股票价格的预测则毫无意义。众多的研究发现,在我国股市的指数收益中,存在经典线性相关之外的非线性相关,从而拒绝了随机游走的假设,指出股价的波动不是完全随机的,它貌似随机、杂乱,但在其复杂表面的背后,却隐藏着确定性的机制,因此存在可预测成分。量化择时的方法可以分为趋势择时、市场情绪择时、牛熊线、支持向量机(SVM)分类等,均有各自的理论基础。

3. 股指期货套利

股指期货套利是指利用股指期货市场存在的不合理价格,同时参与股指期货与股票现货市场交易,或者同时进行不同期限、不同(但相近)类别股票指数合约交易,以赚取差价的行为。股指期货套利主要分为期现套利和跨期套利两种。股指期货套利的研究主要包括现货构建、套利定价、保证金管理、冲击成本、成分股调整等内容。

4. 商品期货套利

商品期货套利盈利的逻辑原理是基于以下几个方面:
(1)相关商品在不同地点、不同时间都对应有一个合理的价格差价。
(2)由于价格的波动性,价格差价经常出现不合理。
(3)不合理必然要回到合理。
(4)不合理回到合理的这部分价格区间就是盈利区间。
统计套利有别于无风险套利,统计套利是利用证券价格的历史统计规律进行套利,是一种风险套利,其风险在于这种历史统计规律在未来一段时间内是否继续存在。

5. 期权套利交易

期权套利交易是指同时买进卖出同一相关期货但不同敲定价格或不同到期月份的看涨或看跌期权合约,希望在日后对冲交易部位或履约时获利的交易。期权套利的交易策略和方式多种多样,是多种相关期权交易的组合,具体包括水平套利、垂直套利、转换套利、反向转换套利、跨式套利、蝶式套利、飞鹰式套利等。

6. 算法交易

算法交易又被称为自动交易、黑盒交易或者机器交易,它指的是通过使用计算机程序来发出交易指令。在交易中,程序可以决定的范围包括交易时间的选择、交易的价格,甚至可以包括最后需要成交的证券数量。根据各个算法交易中算法的主动程度不同,可以把不同算法交易分为被动型算法交易、主动型算法交易、综合型算法交易三大类。

7. 资产配置

资产配置是指资产类别选择、投资组合中各类资产的适当配置以及对这些混合资产进行实时管理。量化投资管理将传统投资组合理论与量化分析技术结合,极大地丰富了资产配置的内涵,形成了现代资产配置理论的基本框架。

量化投资管理突破了传统积极型投资和指数型投资的局限,将投资方法建立在对各种资产类股票公开数据的统计分析上,通过比较不同资产类的统计特征,建立数学模型,进而确定组合资产的配置目标和分配比例。

5.3.2 大数据技术在高频交易中的应用

大数据技术在量化投资中已得到广泛而深入的应用。其中,结构型数据的应用主要集中在高频交易领域。高频交易是指利用计算机服务群组来寻找市场中微小差价的方法。高频交易的交易量巨大,持仓时间短,日交易次数多,因此,计算机每秒都需要处理海量的结构化数据。

下面举例介绍大数据技术在优化高频交易中最简单的形式:假设某只股票,比如苹果(APPLE),交易量是 V,一定时间范围的交易步骤数为 T。目标是在交易步骤数 T 内买入 V 股股票,实现支出金额最小化。

在这个模型中,任何交易策略都是基于状态条件下的,初始状态用符号 (v,t) 来表示,其中 v 表示余下的需要买入的股数,$v \leqslant V$;t 表示余下的交易步数,$t \leqslant T$。如果处于 v 较小 t 较大的状态,说明已经购买了目标量的大部分,会考虑用更低的价格购买剩余的股票。如果处于 v 较大 t 较小的状态,说明时间不多了,目标量还有大部分需要购买,所以应该开始跨越价差、提高流动性,以此来尽快达成目标,代价可能是更高的支出。

高频交易能够满足毫秒内大量买卖和取消指令的自动程序化交易,能在极短的市场变化中寻求获利机会,因此,高频交易具有极短的投资周期及高频撤单率的特点。同时,高频交易要求网络的延迟损耗极小,而要满足损耗越少,需要离交易所主机越近。

5.4 投资者情绪分析

行为金融学中一个重要的研究内容为投资者情绪,其中,投资者情绪的量化分析是相关研究的基础。传统研究中,学者们主要选取一些如成交量、换手率等能够反映股票市场总体发展状况的指标作为情绪分析的代理变量,而这类变量无法全面反映投资者情绪变化,只能从客观上反映投资者情绪变化的结果。大数据技术为投资者情绪指数的编制提供了更全面的数据基础,同时,随着机器学习等技术的不断成熟,由于技术限制而无法获取和利用的数据逐渐被学者们纳入可以研究的范围内,因此,基于大数据技术构建投资者情绪指数是一种相对客观且准确的情绪度量方法。

5.4.1 数据的获取与预处理

1. 指数编制数据的来源

目前,互联网上最常见的信息平台有维基、微博、微信、论坛(股吧)、抖音短视频平台等。表5-1从专业性、实时性、信息形式、信息集中度、信息获取难易度几个方面对上述几类信息平台做了对比。

表 5-1 股市信息渠道比较

平台类型	信息形式	专业性	获取难度	实时性	集中度
维基	文字	高	易	低	高
微博	图片、文字、视频	低	难	高	低
微信	图片、文字、视频	低	难	高	低
股吧	文字	低	易	高	高
抖音	视频	低	难	高	低

由表5-1可知,抖音等短视频平台获取股市文本信息难度大,维基理论性较强,数据时效性滞后,微博和微信开放性强,信息形式多样,股吧文本信息集中度高。股吧平台作为股市信息传播与交流的平台,信息量大,参与互动人数多,信息更新速度高,且股吧平台的界面较为格式化,大部分信息为文本数据,比较规整,数据信息获取难度低。

选择信息平台的过程中,需要考虑其专业性与代表性。例如,微博、微信等平台的文本内容更偏娱乐化,具有专业性的股市信息与投资者情绪的网站主要是股吧。目前我国有两大类股吧,一类是如金融界、东方财富网、同花顺和和讯网等专业的财经网站;另一类是如腾讯、新浪和网易等大型互联网门户旗下设立的股吧。代表性是指网站的相关数据量足够大,能够客观反映股市投资者情绪,可以参考网站的访问量、阅读量、发帖量等指标。例如,可以参考不同网站在Alexa(alexa.com)网站上的排名,Alexa是一家专业提供网站流量信息的网站。

2. 指数编制数据的获取

爬虫是常用到的获取网站数据的技术,对投资者情绪分析主要是分析股吧中人们的言论行为和股市跌涨的延迟相关性。因此,通常以阅读、评论、标题、作者、更新时间这些数据为主要字段,读取每个公司股吧的全部页面的数据并写入Excel表中。

3. 指数编制数据的预处理

基于网络爬虫技术获取的数据为文本数据,且存在很多缺失、重复及无用数据,故首先要对获取的文本数据进行预处理。数据预处理指对海量数据进行整理、清洗、筛选等初步处理,具体步骤包括:删除缺失与重复数据、大小写字母统一、繁简字体统一、删除与用户情绪无关的帖子、删除无用字段、文本分词、去除停用词等。经过一系列数据预处理步骤,降低了数据噪声,完成了数据筛选,有助于更好地挖掘用户评论数据中的情绪。

5.4.2 情感分类模型

通过对文本数据预处理,去除了数据中存在的垃圾和无用信息,提高了数据的质量和有效性。对情绪数据分析主要运用自然语言处理构建高效、精准的情感分类模型,判断每条股评数据中蕴含的情绪,为编制投资者情绪指数提供重要支持。自然语言处理(natural language processing,NLP)是以语言为对象,利用计算机技术来分析、理解和处理自然语言的一门学科,即把计算机作为语言研究的强大工具,在计算机的支持下对语言信息进行定量化的研究,并提供可供人与计算机之间能共同使用的语言描写。

构建投资者情感分类模型的核心思路如下:首先,通过人工标记数据与情绪之间的映射关系;其次,构建词向量,将文本形式数据处理为计算机可理解的形式,以符合模型数据输入形式;最后,在不断地学习训练中,完成用户评论数据的情感分类。

1. 人工标记与训练集的建立

由于获得的数据为原始用户评论数据,并不存在每条评论与某种具体情绪之间的一一映射关系,且没有现成的训练样本,也没有帖子内容情感极性的判断标准,故可以用人工标记的方式获得训练集,用于模型学习。表5-2列举了简单的情绪标记方法。

表 5-2 情绪标记实例

标记值	相应案例	占比
1	大盘无忧,春节前后见到3500点,大胆加仓	63.12%
0	没有顶也没有底,现阶段就是震荡	29.25%
-1	赶紧逃吧,该割肉的割肉,天天跌几十个点	7.63%

2. 构建词向量

文本数据预处理后得到的用户评论是字词的集合,可以构建词向量将文本形式数据处理为计算机可以理解的稠密向量,以符合模型的数据输入形式。同时用户评论数据中,由于每个词语在中文中对应着多重含义,其表达的意思通常是向多个方向发散的,因此需要将词语映射到多维向量。且需要满足意思相近的词语,其对应的数学符号也是相近的,词义不同的词语是较远的。

3. 模型训练

将词向量矩阵作为模型输入,不断学习训练,可将部分数据用于模型的学习,部分数据用于学习过程中的测试验证,用测试集对经过训练学习后的模型进行验证,监控模型的训练结果。在模型的训练过程中,每一轮迭代包含所有的训练操作,而训练的轮数并非越多越有利于获得模型最优参数,训练轮数过多模型会出现过拟合现象,导致模型准确率降低,因此需要通过对比不同迭代次数下获得的模型准确率,从而得到一个合理的训练轮数。

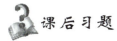

一、名词解释

经纪业务　资产管理业务　证券融资　量化选股　股指期货　期权套利　算法交易　资产配置

二、简述题

1. 简述证券经纪业务的主要流程。
2. 简述证券行业大数据技术的主要应用。
3. 简述证券行业中实时数据采集与处理过程。
4. 简述大数据技术在量化选股中的主要策略。
5. 简述大数据技术在投资者情绪分析中的数据获取和预处理过程。
6. 简述大数据技术在投资者情绪分析中情感分类模型的应用流程。

第6章　大数据在保险行业中的应用

学习目标

熟悉保险大数据平台设计要点；
掌握大数据保险反欺诈；
掌握大数据保险产品定价方法。

导入案例

中国保险迎来黄金发展期

一、可保风险池转移并缩小

全球范围内，物联网和相关传感器的应用可能会改变汽车保险（车载信息技术）、家财保险甚至寿险销售和服务的方式。借助相关技术，保险公司可以实时评估风险，可能直接导致可保风险池缩小。我们预测，在全球范围内，将车载信息技术应用到汽车保险中，同时将智能家居设备应用到家庭保险中，可能带来300亿到540亿美元的保费削减。

未来，还有可能出现更多的对保险行业具有杀伤性、颠覆性的技术，让可保风险池短期内大幅度缩小。例如，无人驾驶汽车技术的成熟，将减少车辆事故的发生。

二、保险产品将更加多元化

首先，2014年8月，《国务院关于加快发展现代保险服务业的若干意见》下发，政策性保险业务将得到长足发展，收益领域为健康险、养老险、农业险等具有保障属性的保险种类。

其次，物联网及大数据分析技术日趋成熟，国内将出现基于使用的保险计划（usage based insurance，UBI），预测UBI保险将在车险和健康险领域率先出现。

最后，保险公司产品创新力度加强，将有更多的长尾保险产品出现，如古董车保险。

三、互联网保险将成为下一个热点

如同互联网对传统银行的冲击，下一个互联网与金融行业融合的场景可能会发生在保险领域。我们认为存在以下三种互联网保险的形态：

形态一：互联网渠道。保险公司更加注重互联网、移动互联在营销与服务中的作用，将有更多的保险产品置于互联网渠道进行销售，可以是第三方代销平台，也可以加大自有网络销售平台建设。

形态二：互联网化的保险产品。消费者在网络上产生的大量行为数据被用于需求与风险分析，进而设计定制化的保险产品与服务，如个性化、定制化、组合化保险。

形态三：P2P保险新模式。国内市场可能会出现P2P保险平台模式，颠覆传统的保险产品与理赔交付方式。

四、生态系统建设初露端倪

数字生态系统的发展趋势不可阻挡。我们并不认为保险公司是生态系统的天然寄主(主动推动者),因此保险公司将面临越来越多的跨界竞争者和搅局者。

我们预测,这种情况可能会发生在以下场景中:互联网巨头利用自身流量和数据优势,进一步渗入保险产品制造环节,如众安在线;汽车产业链、健康产业链中可能会形成一股力量,替代现有的保险产品与服务;龙头企业在产业链中提供自保服务,可能发生在整车厂或有实力的4S经销集团中。另外,保险行业将出现更多的行业共享数据平台,满足保险公司在价值链各环节的数据与分析需求。

资料来源:互联网+保险:20个大数据应用案例[EB/OL].(2017-11-09)[2021-11-15].http://www.beeui.com/p/3690.html.

案例思考题:

1. P2P保险存在哪些风险?
2. 大数据可以为保险行业开拓哪些新业务?

6.1 保险业务及数据问题

传统保险业务主要分为寿险业务和财险业务。数据资产利用率低是制约保险行业发展的重要问题之一,面对大量的保单数据,目前很多国内保险企业不能通过深层次的分析和挖掘,让海量数据为企业发展带来巨大的增值作用,大数据技术则是解决这一问题的重要手段。

6.1.1 人寿保险

人寿保险是以被保险人的寿命为保险标的,以被保险人的生存或死亡为给付条件的人身保险。人寿保险的被保险人将风险转嫁给保险人,接受保险人的条款并支付保险费。人寿保险转嫁的是被保险人的生存或者死亡的风险。

常见的人寿保险有以下几种类型:

1. 定期人寿保险

定期人寿保险是指在保单生效期间,若被保险人发生死亡,身故受益人有权领取保险金,若被保险人未死亡,保险人无须支付保险金也不用返还保费。该保险多是对被保险人在短期内从事较危险的工作提供保障。

2. 终身人寿保险

终身人寿保险指保单生效期是从保险合同生效起至被保险人死亡之时止的保险。终身人寿保险的保险金最终必然要支付给受益人,由于终身人寿保险保险期长,故其费率高于定期保险,并有储蓄的功能。

3. 生存保险

生存保险是指约定保险到期日,被保险人在保险期满时才能够领取保险金。若被保险人在保险期间死亡,则不能主张收回保险金,也不能收回已交保费。

4. 生死两全保险

生死两全保险是指被保险人无论在保险期内死亡或生存到保险期满,均可领取保险金,是将人寿保险与生存保险相结合的保险产品。如果被保险人在保险合同约定的期间里身故,身故受益人则领取保险合同约定的身故保险金;如果被保险人在保险期满仍生存,保险人也将向其本人给付保险金,保险人给付全数保险金后,保险合同即告终止。

5. 养老保险

养老保险是生死两全保险的特殊形式,被保险人不论在保险期内死亡或生存到保险期满,均可领取保险金,既可以为家属缓解因被保险人死亡带来的经济压力,又可以为被保险人在保险期结束时提供一笔养老资金。

6. 健康保险

健康保险是指在被保险人身体出现疾病时,由保险人向其支付保险金的人身保险,包括医疗保险、疾病保险、失能收入损失保险、护理保险以及医疗意外保险等。

6.1.2 财产保险

财产保险是指投保人根据合同约定,向保险人交付保险费,保险人按保险合同的约定对所承保的财产及其有关利益因自然灾害或意外事故造成的损失承担赔偿责任的保险。财产保险,包括财产保险、农业保险、责任保险、保证保险、信用保险等以财产或利益为保险标的的各种保险。常见的财产保险有以下几种类型:

1. 财产保险

财产保险是指保险人承保因火灾和其他自然灾害及意外事故引起的直接经济损失。财产保险包含的险种主要有企业财产保险、家庭财产保险、家庭财产两全保险、涉外财产保险及其他保险公司认为适合开设的财产险种等。

2. 货物运输保险

货物运输保险是指保险人承保货物运输过程中自然灾害和意外事故引起的财产损失。货物运输保险包含的险种主要有国内货物运输保险、国内航空运输保险、涉外货物运输保险、邮包保险、各种附加险和特约保险等。

3. 运输工具保险

运输工具保险是指保险人承保运输工具因遭受自然灾害和意外事故造成运输工具本身的损失和第三者责任。运输工具保险包含的险种主要有机动车辆保险、船舶保险、飞机保险及其他运输工具保险等。

4. 农业保险

农业保险是指保险人承保种植业、养殖业、饲养业、捕捞业在生产过程中因自然灾害或意外事故而造成的损失。

5. 工程保险

工程保险是指保险人承保中外合资企业、引进技术项目及与外贸有关的各专业工程的综合性危险所致损失。工程保险包含的险种主要有建筑工程一切险、安装工程一切险、机器损害保险、船舶建造险及保险公司承保的其他工业险等。

6. 责任保险

责任保险是指保险人承保被保险人的民事损害赔偿责任,包含的险种主要有公众责任保险、第三者责任险、产品责任险、雇主责任保险、职业责任保险等。

7. 海上保险

海上保险是指以海上财产(如船舶、货物)以及与之有关的利益(如租金、运费)和与之有关的责任(如损失赔偿责任)等作为保险标的,保险人对各种海上保险标的因保单承保风险造成的损失承担赔偿责任。

8. 飞机保险

飞机保险是指以飞机、机上乘客及第三者责任为保险对象。保险人承担因飞机机身损失、乘客的意外伤害及对第三者应承担的赔偿责任。

10. 铁路车辆保险

铁路车辆保险是指以在铁路上运行的机车及车辆作为保险标的,保险人负责赔偿由保单承保风险造成的机车及车辆损失及旅客的意外伤害损失。

6.1.3 保险行业的数据问题

1. 保险数据割裂现象严重

保险数据割裂是指保险经营管理活动各个环节的数据之间缺少必要的逻辑校验,而无法提供整体的信息。保险公司的财务系统、核心业务系统、销售支撑系统以及客户管理系统等都是基于独立需求在不同时期分别搭建的,缺少全局角度的规划,存在数据割裂现象,从而形成了各个数据孤岛。同时,系统建设缺少扩展能力,未考虑持续性发展,缺少成熟的保险数据模型,当系统频繁升级时,增减关键元数据,会加剧整体数据间的逻辑割裂。

2. 数据缺乏完整性

目前保险公司采集的数据不能完全满足支持决策,主要表现为客户数据和产品定价数据不完整。一方面由于系统设计缺陷,数据采集不全,另一方面是传统的脱敏技术限制了可用数据资源的范围。

3. 数据不规范

保险公司积累的数据不符合行业、公司的规则或标准,甚至存在虚假数据。从主观的角度来看,保险公司基于自身利益的驱动,为了迎合业绩考核或监管要求,篡改数据或制造假业务,导致数据失真。从客观角度上看,目前国内信用体系还不够完善,保险公司保密制度不到位,保险中介机构及保险业务员担心信息泄露会影响未来业绩,提供的客户信息不真实;同时,数据录入人员可能操作不当,内部数据检验不到位,导致数据失真或者不规范。

6.2 保险大数据平台

6.2.1 保险公司大数据平台需求分析

基于对规模化数据的采集、存储、分析和应用,大数据技术可实现对数据信息按需分类和储存,又可以实现对数据信息的有效筛选,能够充分发挥数据的导向优势,支持市场经营管理者在各种市场活动中做出科学决策,因此,保险公司对大数据平台的需求体现在以下几个方面。

1. 有效提高保险公司业务水平

大数据技术在保险业务中广泛应用,如筛选市场客户信息,对客户实际的保险需求、保险购买力、个人基本信息、社会背景等信息进行收集和处理,并以当前的市场环境和保险产品类型为参照,将客户精细划分为不同客群。利用大数据技术,保险公司可根据客户所在客群的不同偏好去设计相应的保险产品,充分满足客户需要,以便于更好地维护现有客户,开发潜在客户。另外,保险公司可通过对市场现有产品信息进行大数据分析,了解同业保险公司的产品定价策略,建立更细致、更全面的产品数据体系,避免产品设计开发出现同质化现象,并可依据市场动态关系预测未来产品走向和行业发展趋势,为保险产品的合理定价提供数据支持。

2. 提升保险公司运营管理效率

大数据是多种数据信息的集成,既有结构化数据又有非结构化数据,包括各类文本资料、图片、影音等。这些信息构成了一个庞大而复杂的数据体系,使用者需要从中挑选出自己所需的信息,并将其用于支持各项工作。因此,保证数据信息的准确性和时效性是其中最为关键的环节。对于保险公司来说,收集更多更精准的客户与市场信息是实现扩大业务、提升经营效益的重要前提,而将这些信息进行共享并形成稳定的数据,对提升工作效率、增强团队协作力有重要意义。保险公司利用大数据技术建立统一共享的大数据平台,依据各岗位人员的工作内容和职能职责,设立各类功能模块,使业务人员和管理人员可在移动互联网的支持下随时随地进行数据查询、接收、上传,并能够将掌握的有效信息及时地反馈到大数据平台中,从而实现数据信息的共建共享。同时,各业务部门和业务人员可以在大数据平台的支持下,加强业务联系,增强团队协作力,避免重复收集信息和重复联系客户,提高工作有效性。保险公司管理层也可通过这个大数据平台及时了解公司各方面的经营情况,并根据结果对当前的业务发展策略和内部管理策略进行及时调整,以达到高效管理的目标。

3. 降低保险公司的经营风险

大数据在风险防控上具有较大优势,能将保险公司的风险损失限定在一个可控范围内。首先,从海量数据体系中挑选出精准数据是对整个保险业务市场大局掌控和细致分析的体现,能确保公司业务科学、产品高质、价格合理,确保业务发展方向符合时代和当前政策的需求,可以避免业务开展的盲目性。其次,通过建立大数据平台,以数据模型的方式对保险业务的所有要素以及业务全流程进行分析与评估,特别是针对保险赔付进行科学评估,有助于降低保险公司的风险损失,提高被保险人的安全保障。此外,以分布式存储为特征的大数据平台能够实现数据存储去中心化,使内部安全层级更高,能最大化降低保险公司的数据风险。

6.2.2 保险公司数据来源及应用分析

图 6-1 展示了保险公司大数据平台可用的内外数据资源,保险公司可依据保险合同管理、客户管理、业务服务的需求,设计数据存储、采集、算法等模块,匹配上层应用中可能的各类场景。

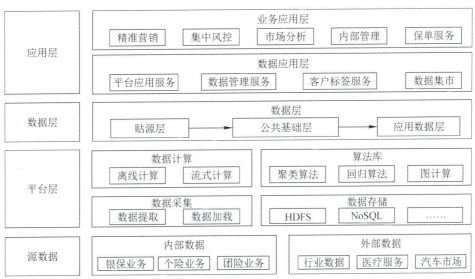

图 6-1 保险大数据平台层级架构

1. 保险数据来源分析

从保险的业务来看,保险公司的内部数据从银保业务、个险业务和团险业务中产生,外部数据主要涉及行业数据、医疗服务及其他财产市场信息。表 6-1 展示了保险业务产生的各类数据信息。

表 6-1 保险公司内部数据信息

类目	数据内容
客户信息	投保人、受益人、被保人、身份证号、手机号、投保人与被保人关系
保单信息	保单号、支公司名称、业务员工号、姓名、险种、保费
赔付信息	保单号、医院代码、疾病代码、报案人信息、报案人手机号
保全信息	保单号、业务员信息、变更类型、变更信息、变更日期

2. 大数据应用分析

目前来看,我国保险业中大数据技术的应用主要集中在客户关系管理、风险管理、欺诈行为分析、精细化运营管理等几个方面。

(1)客户关系管理。客户关系管理(customer relationship management,CRM),是指企业利用各种技术协调企业与客户间在销售、营销和服务上的交互,从而为顾客提供更优质的服务,是大数据技术在保险行业重要的应用领域。将大数据结合在保险业 CRM 中或者作为一个独立的应用程序来实施,可以帮助保险公司在客户生命周期的各个阶段充分挖掘客户的价值以及客户可能带来的潜在价值。充分挖掘客户的价值以及发现客户可能存在的潜在价值,是客户关系数据挖掘的根本目标。客户关系管理主要包含客户识别、客户保持与客户价值提升。

客户识别是客户关系管理的基础。大数据技术可以用简捷、汇总的形式描述给定任务的相关数据集,提供客户数据的一般特征,进行客户细分,识别潜在客户。

客户保持是客户关系管理的核心。客户保持是指企业巩固发展与客户长期、稳定关系的动态过程与策略。保险公司利用大数据技术,可对客户历史交易行为进行分析,警示客户异常行为,进行客户忠诚度分析和客户流失警示分析,并提出相应的对策建议。

客户价值提升是客户关系管理的目标。保险公司利用大数据技术,可以分析客户的购买行为,进行客户细分,从而提供个性化服务,还可以进行交叉营销,为客户提供新产品和服务,实现营销升级。

(2)风险管理。风险管理是保险行业的薄弱环节,尤其在粗放型经营模式下,风险管理未能有效实施,不仅有悖于保险业风险承担、风险分散的宗旨,而且大大削弱了保险业可持续发展。

大数据技术是为保险业风险管理提供科学决策依据的重要手段之一。利用大数据技术,可以对保险业的客户资源进行筛选、分类,将客户信用分成若干等级,对客户风险进行预测,有针对性地对信用等级低的客户进行更严格的调查核实,从而有效地避免骗保事件的发生,规避业务风险。同时,针对不同的风险级别,利用大数据技术,可对保险产品实施差异化定价。

(3)欺诈行为分析。利用大数据技术,保险公司可根据自身内部业务数据及其他外部数据,实时预测分析行为人故意隐瞒真实情况的违法行为,包括医疗保险欺诈、车险理赔欺诈等。

①医疗保险欺诈通常有两种情况,一种是利用虚假信息骗取保险金;另一种是在保额限度内重复就医、浮报理赔金额等,即滥用医疗保险。保险公司利用就医信息、健康数据等,寻找影响保险欺诈的显著因素及这些因素的取值区间,建立预测模型,并通过自动化计分功能,可快速将理赔案件依照滥用欺诈可能性进行分类处理。

②保险公司可利用历史欺诈事件建立预测模型,将理赔申请分级、分类处理,以解决车险欺诈问题,具体包括车险理赔申请欺诈侦测、业务员与修车厂勾结欺诈侦测等欺诈场景分析。

(4)精细化运营管理。保险公司精细化运营管理主要涉及保险产品优化、运营分析与保险销售人员甄选三个方面。①产品优化。传统保险产品将多数人置于同一风险水平之上,保单并没有完全解决客户的具体风险问题。利用大数据技术,保险公司可以通过分析自有数据及客户在社交网络上的数据,解决传统保险产品区分度低的问题,为客户制定个性化的保单,获得更准确及更高利润率的保单模型,给每一位顾客提供个性化的解决方案。②运营分析。运营分析是指基于企业内外部运营、管理和交互数据,借助大数据平台应用分析模块,全方位统计和预测企业经营和管理绩效。保险公司可利用保单和客户交互数据进行建模,借助大数据平台快速分析和预测再次发生的或新的市场风险、操作风险等。③保险销售人员甄选。保险销售人员甄选是指根据保险销售人员业绩数据、性别、年龄、入公司前工作年限、其他保险公司工作经验和代理人人员思维性向测试等,找出销售业绩相对较好的销售人员的特征,优选高潜力销售人员。

6.2.3 保险大数据平台规划及模块分析

大数据在保险行业的应用经过探索,已经有了一些积累,很多保险公司都开始搭建大数据平台,逐步把一些传统的系统迁移到大数据平台。不同的保险企业发展阶段不同,大数据应用的方向也不同,如何选择适合的大数据平台,规划符合当前业务发展的大数据架构,也是当前保险企业面临的困难。

1. 保险大数据平台规划

大数据技术能够提供强大的数据存储和计算平台,主要应用包括:基础平台搭建、数据采集和管理、应用系统迁移和升级服务,如图 6-2 所示。

(1)基础平台:大数据基础平台有很多,按开放性,有开源的、非开源的;按应用特色,有实时统计的、大批量数据计算的、快速检索的等。保险公司在选择平台时,需要根据业务、管理的实际需求进行选择,确定基础平台的组织架构。如图 6-2 所示,大数据基础平台包含了数据源、数据采集、数据存储、数据管理和数据服务五个方面,基础平台应充分考虑保险公司内部和外部数据源的结构,在数据采集过程中注重采集方法,保护特殊数据资源,如对保险合同的采集与存储。

(2)数据采集和管理:保险企业积累了大量数据,分布在不同的业务系统中,要发挥大数据平台的价值,需要从各业务系统中将有价值的数据进行采集,并在大数据平台中对各种异构的数据进行融合管理,形成标准化的基础数据。

(3)应用系统迁移和升级服务:针对不能满足业务需求的系统,详细分析系统的数据计算逻辑,结合大数据的计算架构进行数据计算模块的迁移,同时,再针对旧系统的缺陷进行优化,从而达到高性能、高可用的目标。

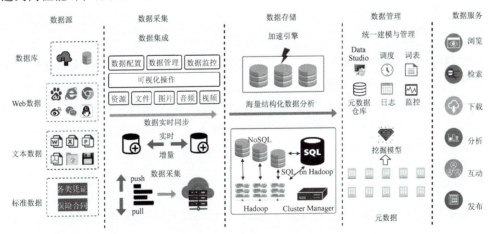

图 6-2 保险大数据基础平台

2. 保险大数据平台模块分析

(1) 大数据管理。大数据管理是指基于分布式存储的数据管理平台,根据保险行业数据特性及应用场景,为多元异构数据存储、复杂业务数据分析、历史数据查询等数据需求提供全面的解决方案。大数据管理平台可以保证数据快速、准确响应,全面解决企业数据管理难度大、应用复杂的难题,为企业数据运营提供了保障。大数据管理平台包括数据采集与同步服务、元数据管理服务、主数据管理服务、数据质量管理服务、数据集成服务、流程管理服务及数据分发等模块,为大数据的批量处理、实时查询、统计分析等工作提供更专业化的支持。

(2) 客户信息管理。客户信息管理是指通过一致性规则建立统一的客户信息体系,归并不同业务条线、渠道、系统的客户全生命周期数据。客户信息管理是以客户为中心,结合保险业务特性,对个体及家庭客户形成全方位视图;同时,多角度、全方位洞察用户,为销售、服务、运营、产品定制等业务场景提供智慧服务支持。

(3) 实时规则计算。实时规则计算引擎是指基于流计算进行实时数据分析和规则计算的一体化分析。针对保险公司大量的各类业务数据,如客户信息、交易信息、保单信息等,构建并行计算集群进行处理,可最终将业务数据通过规则模型进行量化计算,输出到不同的业务场景应用中。

实时规则计算可运用到自动核保、自动核赔等业务中,将核保、核赔结论定量化、科学化,满足高并发、快速响应要求,从而提高业务处理效率,降低运营成本。

(4) 信用分析。信用分析是金融机构发展的基石,建立一套可靠的信用分析模块,降低骗保风险,是很多保险企业探索的方向。信用分析运用场景多,数据类型多样,异构数据整合难度大,保险公司应结合保险业务具体场景需求,完善信用分析模块。

6.3 机动车辆保险大数据反欺诈分析

6.3.1 保险欺诈的含义

保险欺诈是指利用保险合约谋取利益的行为,这种行为基于投保方不正当目的。保险欺诈依据不同性质被分为保险硬欺诈与保险软欺诈两种,保险硬欺诈是指投保方在投保成功后,故意制造保险事故或者是编造虚假的保险事故,从而向保险公司骗取保险金的行为;保险软欺诈也被称为机会型欺诈,主要发生于保险事故后投保人为了获取超额索赔而夸大损失,比如将不属于保险责任的损失和费用也计入保险事故中。

6.3.2 机动车辆保险欺诈的形式

机动车辆保险欺诈的表现形式多种多样,随着社会发展,新的车险欺诈手段也层出不穷。对机动车辆保险欺诈形式的分析,不断加深对车险欺诈本质的认识,是大数据反欺诈系统设计的基础。车险欺诈主要有以下几种情形:伪造事故现场、伪造虚假理赔材料、车辆套牌、倒签单、扩大损失等。从实施欺诈的主体分析,车险欺诈主要由保险标的方和修理厂两个主体构成。

1. 保险标的方实施的车险欺诈

(1) 倒签单。倒签单简单来讲就是"先出险后投保",指未投保的车辆或者车辆遇到意外事故的险种超出了已投保责任范围,投保人在事故发生后投保。这是车主为了减少自身损失,进行虚假索赔的欺诈行为。

此类欺诈行为多是由于保险公司内部管理出现问题而导致的,可能是部分保险公司为了争夺客户,在承保阶段未对承保车辆进行验车,也可能是保险公司内部工作人员与车主合谋欺诈。

(2) 冒名顶替。冒名顶替是指更换驾驶员骗赔,通常情况是开车司机为无证驾驶、酒后驾驶或吸毒后驾驶导致车辆出险,报案时谎称他人驾驶。从事故性质来看,此类事件属于保险人责任免除范畴,根据保险条款约定,保险公司无需对被保险人进行赔偿。但是被保险人为了获取保险赔偿,隐瞒事故真相,更换具备驾驶资格的驾驶员进行报案索赔,达到欺诈目的。

(3) 高档二手车事故。投保人故意购买年限长达8~10年或是遭遇过重大车损事故的高端二手车,实际购买价值较低。投保人利用各种手段刻意隐瞒购买价值,向保险公司投保远高于实际价值的高保额车损险,投保成功后,投保人故意制造事故从而向保险公司索要高额赔偿金。其中,落水事故报案比较常见,主要是引起落水的原因可能有避让占道行驶来车、夜间来车灯光刺眼、路边岔路突然来车、路边突然有狗窜出等,通常难以查证,给保险公司的调查取证工作带来一定难度,是不法分子最常用的车险欺诈手段。

(4) 伪造虚假理赔材料实施欺诈。伪造虚假理赔材料实施欺诈是指投保人或者被保险人伪造车牌号、行驶证、交通事故责任认定书、维修发票、误工证明、伤残鉴定报告等信息实施欺诈的行为。由于保险公司与交通部门、鉴定中心、企业之间信息沟通不畅,因此辨别真伪难度较大。此类欺诈事件常见的是机动车辆交通事故所造成的第三者人伤案件。由于第三者人伤案件处理周期较长,在处理过程中需要交管部门、医院、司法鉴定机构等部门参与,因此理赔过程以及相关材料的收集比普通车损案件烦琐。甚至有"黄牛"抓住投保人或被保险人希望获取高额理赔的心理,代为整理理赔材料,在接触伤者到诉讼索赔各环节制造虚假材料。

2. 修理厂实施的车险欺诈

(1) 修理厂利用技术壁垒实施欺诈。车辆维修时配件监督困难,不法修理厂使用副厂配件、伪劣配件等低价配件冒充原厂配件或者高端车辆配件进行维修,定损索价时按照原厂配件或者正规渠道的高价配件进行定损评估。出现此类欺诈结果一般是出于三方面原因,一是被保险人对于车辆配件使用的识别经验不足,难以分辨具体配件的真假和价格;二是由于保险公司定损人员的专业技能不精,出现定损漏洞;三是由于保险公司在完成定损之后限于人力物力,未进行最后的复勘,更加方便了修理厂的不法行为。同时,还可能存在人为合谋,提高定损值,从而获得额外维修费用的情况。

发生上述欺诈行为,除了技术壁垒,还有两个原因:一个是保险公司定点修理厂有效,因此,车险合同中一般不指定修理厂。另一个原因是车辆型号众多,且行业内部对于同一型号车辆的维修尚未形成统一的维修标准,导致各个修理厂收费各异。

(2) 修理厂故意制造事故。修理厂故意制造事故是指修理厂与人合谋,故意制造事故骗取保险理赔。常见的是修理厂给正常维修车辆更换废旧配件后,故意制造交通事故或编造虚假事故,然后利用被保险人的相关证件向保险公司索要高额赔偿金。还有修理厂通过低价购买配件高的老旧车辆,低成本简单维修之后向保险公司投保,然后制造事故,通过向保险公司索取车辆维修金和高额的配件费用来获取不法利润。由于修理厂作为车险理赔处理环节之中较为专业的第三方,对于如何对接车险理赔处理的上下游环节有着丰富的经验,对保险公司质询、制造虚假信息、伪造事故现场等环节驾轻就熟,因此,保险公司在调查此类案件时难度较大。

6.3.3 机动车辆保险大数据反欺诈设计

传统车险反欺诈的流程中多以人工参与的形式介入,使得保险公司疲于应对重复性鉴定工作,面对大量的人工操作失误和道德风险,保险公司对欺诈行为防范能力弱,而基于大数据技术,可以科学识别欺诈行为,降低保险公司的人力成本。

1. 建立中央数据库

中央数据库是指将不同监管部门、业务部门的数据同步到统一的共享数据库中。中央数据库应该是一个非应用数据库,即只接收同步数据,不接收其他形式修改数据,保证中央数据来源可靠,内部数据稳定。在保险行业,可以建立公共部门监管下的共享数据库,连接公安、交警等部分部门数据,以及银行征信数据、地方治安监控网络、医院诊断结算和部分社交网络数据,形成一个中央数据库。由此可见,保险行业中央数据库安全性要求较高,适合由政府部门或行业协会依法构建,并严格限制使用权限。

2. 出险数据

按照传统理赔流程,车主在发生车辆事故后会及时联系保险公司,由保险公司派出人员进行现场初步查勘,在这个过程中,人力投入是无法避免的,但是,随着智能技术投入,能有效地辅助保险公司人员收集信息,大幅提高欺诈识别工作的效率。

(1) 使用基于位置的服务(location based services,LBS)和全球定位系统(global positioning system,GPS)对事故车辆和人员分别进行准确定位,可以使查勘人员第一时间赶到现场并了解事故具体情况,收集报案数据与事故时间、地理信息,同时便于工作人员进一步鉴定出险和事故发生的实际位置。

(2) 借助 AIC 设备读取车辆设备运行信息,获得出险前车辆行驶信息,以方便核验出险车辆情况是否真实。重点考虑以下几个方面:报案时间、故意碰撞读取故障发生时间公里数,与出险时间进行匹配是否一致;套牌车辆读取车辆车架号信息,与核验承保标的信息是否一致;配件信息、扩损检测报告受损配件信息与实际定损信息是否一致。

3. 建立黑名单库

利用中央数据库建立黑名单库,将一年内出险多次、理赔金额较大、有骗保嫌疑的车主或修理厂列入黑名单库,同时结合银行征信,将信用较低以及失信人员纳入黑名单库作为进一步补充参考。当黑名单库中的车主向保险公司报案,输入其本人信息后,系统会自动跳出警示性语言,提醒保险公司进行进一步重点审核。同时,后台智能分析程序自动进入重点审核程序,在扩大出险数据收集之后,做更为复杂的反欺诈审核。

4. 图片对比分析

机动车辆在发生碰撞或擦碰后,车辆外部会产生变形或留下明显的痕迹,且两次碰撞力度或是位置相同的概率较低,因此,事故造成的车辆的受损部位和受损程度具有不可复制性。通过对理赔照片进行分析对比,可实现两方面的验证:一方面是真实性验证,可利用大数据算法检测图片是否有修改,并显示可能修改的区域。为了实施骗保,被保险人利用套牌车,在承保时提交经过 PS 处理的验车照片,由于传统人工核保,肉眼无法识别出承保照片是否经过处理。另一方面为相似性验证,判断是否存在重复索赔行为。

受损面和受损程度较大的出险车辆受损判定可以分割成若干个小部分分析判定后再综合组合判定。例如,车辆追尾造成的车头前半部分受损,在圈定受损目标之后对翼子板、防撞栏、机盖、大灯等部位进行分割分析,由此提高单体识别的正确率。然后再进行多图融合分析,确定撞击程度的关联性,提高整车撞击判定的准确性。经过理赔图片精确分析并确定车辆的损坏程度,可判断车主是否利用车辆历史损伤部位进行重复索赔。

5. 社交网络分析

社交网络分析(social network analysis,SNA)是指利用信息学、数学、社会学、管理学、心理学等多科学融合理论与方法,对各类社会关系的形成、行为特点、信息传播规律提供可计算的分析方法。社交网络是社会个体成员之间通过社会关系结成的网络体系。个体称为节点(vertice),可以理解为个人、组织或网络 ID 等含义的自然人、法人或者虚拟个体。个体间的相互关系称为边(edge),可理解为亲友、行为互动、收发信息等多种关系。在车险理赔反欺诈领域,分析保险人、驾驶员、第三者受害人、代理人等个体间的社会关系,其中车辆、电话号码、定损人员、修理厂信息都是重要信息。

6. 赔付金额的确定

当一个车险理赔案件经过前期的欺诈风险的分析后,确定为无欺诈嫌疑,就进入后续的定损理赔阶段。在这一阶段,修理厂可能存在虚报维修价格、偷换劣质零件等欺诈行为,为了有效减少这种欺诈行为,可以建立统一的零配件价格库、工时标准库、修换标准库等,较为精准地确定理赔金额。

大数据保险反欺诈案例

6.4 大数据在保险精算中的应用

6.4.1 UBI 车险定价模式

2020 年 9 月,银保监会发布《关于实施车险综合改革的指导意见》,我国车险综合改革进入新阶段,明确支持保险行业运用生物技术、图像识别、大数据等科技手段,提升车险产品、保障、服务等信息化、数字化、线上化水平。车险综合改革对于商业车险最大的改变是逐步开放了自主定价系数范围,规范了行业定价系数,有力推动了商业车险定价费率的市场化。同时,鼓励保险公司根据客户的具体需求开发差异化的商业车险产品,一方面可以改善保险公司的赔付情况,提升其保障水平;另一方面也搭建了更好的车险研发、推广、消费环境,将产品定价权更多地交由给保险公司去决定,不仅提高了保险公司产品研发和风险定价的能力,也有利于监管机构有效动态管控车险费用水平。

基于使用行为定价的保险(usage based insurance,UBI)产品是指基于驾驶行为,通过车联网设备、智能手机终端、汽车自身传感器等将车主的驾驶行为数据、车辆行驶数据、道路状况实施数据和天气等周围环境数据进行汇总分析,建立以人-车-路-环境为主的多维模型进行保费定价的产品。

车载互联网,简称车联网(internet of vehicle,IoV),是指通过机动车、终端智能设备、卫星射频定位等通信技术传导无线数据的车载互联网络,其可以将所有机动车进行联网并输出和输入数据。车联网是物联网在车辆领域的一个较为重要的分支,是实现 UBI 车险定价的重要依据。如图 6-3 所示,车联网体系架构可以分为三层,分别是感知层、网络层和应用层。感知层是车联网的神经末梢,可以使用各种传感器、射频识别(radio frequency ID dentification,RFID)、GPS 等来监控车辆的实时状况,同时还可以采集车辆在行驶过程中的自身及周围环境的一些信息,之后给车联网方面的研究提供大量的原始数据。网络层相当于车联网的大脑,是由互联网、专用网、无线网、有线网构成的,可以实现车、人、路之间的互通,其用来处理感知层传递的数据。应用层相当于车联网的躯体,它可以对网络层的数据进行分析反馈。

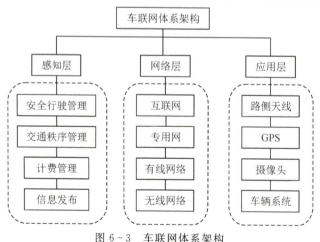

图 6-3 车联网体系架构

传统保险公司在制定车险保费费率时,通常是以车辆的购入价和历史出险次数为主要影响因子。随着 UBI 车险产品不断完善和发展,UBI 车险产品将车主驾驶行为作为制定保费费率的关键因素,其中重点是根据驾驶行为数据来对车主的安全级别进行评定,从而为 UBI 车险产品的保费制定提供依据。UBI 车险产品能够通过互联网来获取用户驾驶行为信息,保险公司通过相关数据能够准确地掌握司机的驾驶行为习惯,之后保险公司可以利用大数据分析来为用户进行风险等级的划分,并为风险等级不一样的车主提供个性化的服务,是一种差异化费率的车险。

UBI 在车险中的应用方式主要有两种,一种是基于里程计费,另一种是按照驾驶行为计费。例如,表 6-2 列举了日本和欧美国家保险项目中保费定价的一些因子。在实际生活中,司机的驾驶行为会受到很多方面的影响,比如车主自身状态、车辆情况和道路情况等,也可以将驾驶行为的影响因素分为内部和外部,其中内部因素包括驾驶员的性别和年龄、驾驶状态、出险次数等,外部因素包括道路等级、道路状况和车辆状况等,除此之外,一些特殊的驾驶行为,比如超速、急加速、急减速、急刹车和急转弯等因素也应该被考虑进去。

表 6-2 日本和欧美国家车险保费定价因子

区域	车险保费定价因子
日本	行驶路程、车辆情况和驾驶时间
美国	行驶路程、急加/减次数、驾驶时间、是否夜间行驶、超速次数
欧洲	行驶路程、驾驶时间、超速次数、急加/减次数、急转弯次数

6.4.2 健康保险产品定价

健康保险产品定价是指利用大数据技术可将消费者的健康信息进行实时反馈,如将消费者作息、运动、社交数据等进行整合和分析,从而对个体健康数据进行评估,以便对不同健康风险的个体进行不同费率定价,从而实现保险产品的差异化。大数据技术对传统健康保险产品定价的影响表现在以下两个方面:

(1) 从有限的样本数据扩展到海量数据,丰富健康保险产品。随着移动互联网、可穿戴设备、大数据技术等先进科技的普及,个人数据收集和处理方式发生了深刻变革。首先,收集成本大幅降低,信息日益透明化,为市场细分奠定了技术基础,数据的收集范围从简单的承保理赔等保险过程,到生活中衣食住行的方方面面,从仅关注保险承保理赔的结果数据到行为背景和决策过程数据与保险结果数据并重;其次,处理数据从有限的样本数据过渡到海量数据,海量数据减少了样本误差风险,实现了定价方式的变革,有利于改善护理保险和失能保险因为缺乏大量统计数据和配套服务的供给不足,从而平衡产品结构,丰富产品体系。

(2) 基于个体健康数据的差异化定价。通过利用过往医疗病史、体检数据、家族病史等数据、各项疾病患病率、患病医疗费用支出,以及个体自身健康数据,包括走路数据、心率数据、饮食摄入数据、睡眠数据等,进行消费者健康评分,从而通过大数据技术测算出消费者不同的健康状况下未来罹患某种疾病的概率以及各类疾病的平均诊治费用,进行个体差异化定价。

课后习题

一、名词解释

人寿保险　财产保险　客户关系管理　客户识别　客户保持　客户价值　运营分析
倒签单　冒名顶替　社交网络　保险欺诈　中央数据库　社交网络分析　UBI 产品
车载互联网

二、简述题

1. 简述财产保险的主要类型。
2. 简述保险公司大数据平台需求。
3. 简述常见的医疗保险欺诈。
4. 简述保险大数据平台的主要模块。
5. 简述保险标的方实施的车辆保险欺诈形式。
6. 简述如何建立出险数据库。
7. 简述机动车辆保险大数据反欺诈设计。
8. 简述 UBI 车险产品的应用方式。
9. 简述大数据技术对传统健康产品定价的影响。

第7章　大数据在信托行业中的应用

学习目标

掌握消费信托业务；
掌握大数据背景下信托产品设计；
熟悉信托大数据平台的功能。

导入案例

一个信托公司的转型样本：当土地流转信托遇上大数据

在各路巨头纷纷抢滩大数据的时候，传统金融行业中的信托也按捺不住了。作为业界大佬之一，中信信托近期动作频频。在首单土地流转信托、首单消费信托、首单医疗保养信托等新品频出的背后，是中信信托凭借业务创新力图转型的事实。尤其当业界还在为土地流转信托尚有难题待解所困扰，相关项目尚未有实质性进展的时候，中信信托基于大数据原理开发的一系列信托项目，或为未来土地流转信托业务的开展甚至是信托业的转型，提供了一个可供参考的"模板"。

一、尚有难题待解

2013年10月中旬，中信信托在安徽省宿州市推出的国内首单土地承包经营权流转信托产品可谓一石激起千层浪。这款被业界视为具有里程碑式示范效应的信托产品，首次突破了目前农村土地流转中的瓶颈，并让传统农业向现代农业转型有了可能。

"把信托制度引入土地流转，对加快农村土地流转和利用，促进农业经营产业化、现代化发展具有重要意义。"中信信托相关人士对记者表示。该人士认为，信托介入农村土地流转，首先，可以用信托制度来实现并规范土地所有权、经营权和收益权的分离；其次，信托公司作为市场主体参与农村土地流转，其所提供的信托平台能更好地整合各方资源，在农地流转的过程中将市场的作用充分发挥出来；最后，信托的模式可以使原本僵化的土地资源转化成土地资本，条件成熟后甚至可以将土地收益权作为受益凭证进行质押，增加了土地流转后的市场化增值途径。

然而，尽管信托参与土地流转优势明显，但是信托业内除了"第一个吃螃蟹"的中信信托外，目前只有北京信托推出了土地流转信托项目，其他信托公司对于土地流转信托这一新业务尚处于研究状态。据记者了解，上海信托、华宝信托、兴业信托等信托公司都已对土地流转信托进行立项研究，但距离真正推出相关产品仍需时日。

"虽然我相信土地流转信托有望成为未来信托业的蓝海，但短期内信托公司还在探索阶段。"某信托公司创新业务部负责人告诉记者，他指出，从理论上看，将信托制度引入土地流转并非难事,但是由于各地的土地现状差异性很大,因此信托公司面临的最大挑战是如何结合当地的生态特色,将人、财、地结合起来,对土地进行有效的开发利用。"这也就意味着土地流转信托对信托公司的专业管理及开发能力考验度颇高。"

此外,农业生产过程中的周期性因素,也成为信托公司风险控制中的重要一环。"信托公司如何控制这其中的周期性风险并获取收益,目前让不少信托公司感到困惑。"而正是这些原因,使得不少信托公司止步于观望。

二、大数据下的土地信托

《中华人民共和国信托法》规定:信托是指委托人基于对受托人的信任,将其财产权委托给受托人,由受托人按委托人的意愿以自己的名义,为受益人的利益或者特定目的,进行管理或处分的行为。

"首单效应"给中信信托带来了持续的关注度。"目前有很多地方政府和公司表达了强烈的合作意向,希望同我们合作推出新项目。不久后中信信托也将会有几单土地流转项目推出。"上述中信信托人士透露。

事实上,信托业内对于土地流转信托的疑虑,重点在于如何在保障农民持续性分享土地市场化成果的同时,再通过一种可持续的、可发展的方式,使得信托公司自身也获取一种可持续的盈利模式。而这些疑虑,或许可以通过中信信托目前正在尝试的"大数据信托"模式破解。

资料来源:一个信托公司的转型样本:当土地流转信托遇上大数据[EB/OL].(2013-12-09)[2017-11-09].http://www.p5w.net/money/xtzx/201312/t20131209_407099.htm.

案例思考题:

1. 试分析土地信托的资金流动过程;
2. 举例说明其他信托产品。

7.1 信托业及数据问题

随着我国深化金融改革,实施资管新规政策,信托行业不断加速业务转型,利用现代金融技术,回归本源业务,受人之托,代人理财,去嵌套模式,打造核心业务,不断优化信托产品、服务模式,使其既符合监管要求,又满足客户需求。

7.1.1 信托业务概述

信托公司,在中国是指依照《中华人民共和国公司法》和根据《信托公司管理办法》规定设立的主要经营信托业务的金融机构。信托公司以信任委托为基础、以经营管理货币资金和实物财产为主要形式,实施融资、融物相结合的多边信用行为。按照不同划分方式,信托业务有以下一些形式:

(1)按照信托委托人数量,可以分为单一资金信托业务与集合资金信托业务。单一资金信托的委托人只有一个;集合资金信托的委托人有两个及两个以上。两者之间的差异主要有:其一,投资方向不同,单一资金信托的投资方向主要依据委托人的意愿,集合资金信托往往是信托公司作为受托人设计投资计划。其二,客户来源不同,单一资金信托的委托方主要为机构投资者,集合资金信托的委托方主要为个人客户。

(2)按照信托财产运用方式,可以分为投资类信托业务、融资类信托业务、事务类信托业务。投资类信托业务是指按照委托方的意愿,为实现信托财产的保值、增值,对信托财产进行投资运用的信托业务。融资类信托业务是指将受托人的资金以融资的方式出借,获取利息收入。事务类信托业务是指按照委托人的要求,信托公司执行资金投向及分配方式,信托公司仅从事事务性管理的信托业务。

(3)按照信托财产投向领域,可以分为基础设施信托业务、房地产信托业务、证券投资信托业务等。基础设施信托业务是信托公司设立的信托计划将资金投资于基础设施项目的建设,如市政设施、交通建设、通信网络、能源配套、环境保护等。房地产信托业务是以房地产或其房地产企业为主要投资标的。

7.1.2 信托产品

信托业务广泛,产品设计灵活,常见的证券投资、地产股权、现金管理等集合信托产品与其他金融机构提供的理财产品有很多相似之处,本书重点介绍家族信托与消费信托两种产品。

1. 家族信托

家族信托是指应用于家族财富管理领域的信托行为,受托人按照委托人的意愿管理和处分信托财产。家族信托的目的在于实现委托人对家族财富管理与传承的意愿,受益人一般为家族成员。

如图7-1所示,家族信托的设立与运行,需要委托人、受托人、受益人、银行财务顾问、信托托管银行、律师事务所、会计师事务所、监察人等多方共同参与。委托人与受托人就方案对受益人利益安排、信托期限、分配规则、投资模式和投资方案等关键要素协商确定后,双方签署信托文件,委托人交付信托财产,受托人开始进行信托投资管理和信托事务管理,并在指定情况下进行信托利益分配。在此期间,银行财务顾问、信托托管银行、律师事务所、会计师事务所、监察人等各方分别履行自己在信托方案中的职责。

家族信托业务
委托人:私人银行客户,设立并交付信托财产
受托人:信托公司,设计信托架构,进行投资管理、利益支付与分配、信托事务管理等
受益人:受托人本人、受托人指定的个人或组织,获得信托利益
律师事务所:律师,提供法律咨询、法律意见
会计师事务所:会计师,提供税务咨询和税务筹划、税务意见书
监察人:家族成员或其他监督受托人
信托托管银行:开立信托账户,托管信托财产
银行财务顾问:参与信托架构设计,出具投资配置建议,与客户日常沟通和进行维护

图7-1 家族信托业务职责分工

2. 消费信托

消费信托作为一种新型的信托理财产品,与以往的集合资金信托计划相比,存在其独有的属性。消费信托将消费、信托计划、金融创新融于一体,实现了多种产业之间的跨界融合,因此具备金融和产业两种属性。首先是金融属性,消费信托可以通过大量资金的集中管理投资从而获取超额收益,一方面能够降低消费者的消费成本,另一方面也能分担产品的运营成本;其次是产业属性,消费信托从需求端出发,在消费者的委托之下,有针对性地选择消费产品,并且在产业端实施集中采购,既能够维护消费者的权益又能使其获取高性价比的产品。

百度权益消费信托

7.1.3 信托行业的数据问题

资管新规出台后,去嵌套、去通道业务监管力度持续上升,信托公司传统业务高增速现象将不复存在,利用大数据技术加快转型,推动信托业务新模式、新领域的探索和实践,挖掘行业发展新的潜力势在必行。但是,信托行业存在以下数据问题:

1. 基础数据获取阶段缺少制度化的质量控制要求

信托基础数据是指在信托公司各类业务的发生过程中需要存留在各类应用系统中的业务数据,包括项目信息、产品信息、客户信息(资金来源方和融资方)、合同信息(受益合同和投资合同)、交易信息(资金流水)以及所有的过程记录等,这些基础数据记录了信托公司所有的业务发生过程。

每一类基础数据都由若干的属性信息组成,这些属性信息又有大量的参数选项,这就造成在实际业务开展过程中数据录入人员的主观判断和填写随意性,直接影响了最终数据的准确性和完整性。

2. 数据标准差异性导致多业务系统成为信息孤岛

信托公司的各类应用系统往往来自多个不同的供应商,每个供应商都有自己独立的数据标准和数据处理逻辑,当有较复杂的业务场景发生时,需要多业务系统进行数据交互才能完成。由于数据标准的差异性,跨系统进行数据交互存在较大难度。具体表现在:①直接跨系统读写存在较大的业务风险。②采用接口的方式应对业务逻辑的多样性将会越来越困难。③如果采用中间处理逻辑进行数据转换,则业务处理过程的实时性无法保证,业务操作过程体验较差。④随着信托产品更广泛开发,会需要更多系统支持新产品业务,继续在无规则与无统一数据标准的状态下经营,会让数据孤岛的数量增加,数据交互应用的难度加大。

3. 僵化的报表无法满足灵活的数据处理工作要求

信托公司在日常工作中涉及诸多报表数据的统计工作,如:1104(非现场监管报表)、银保监会检查分析系统(examination and analysis system technology,EAST)、全要素、理财资金、征信等。同时,为了满足公司日常经营管理的需要,也要对收入、费用、绩效考核等方面进行日常的数据统计分析工作。

7.2 信托大数据平台设计

信托公司业务多样,多数项目非标准化,容易造成数据之间的分割;内部业务团队、前台与中后台等部门之间的信息传递存在一定障碍,数据存储、管理、应用等环节之间也可能会存在脱节问题。因此,信托公司在搭建大数据平台时,应该从公司整体出发,实现线上、线下数据互联互通,内部、外部数据整合。

7.2.1 信托大数据平台需求分析

信托公司可借助大数据平台,整合各类业务数据,打破信息壁垒,开发、维护高净值客户,优化财富管理业务。具体表现在以下几个方面:

1. 促进产品精准营销

利用大数据技术,信托公司可以更为精准地细分客户群,根据不同类型的客户,按照其投资与风险偏好,提供不同类型的产品,更好地满足客户需求。通过大数据分析,可以对产品进行更为全面的评价,衡量风险与收益的匹配程度,进而对产品进行合理定价。

2. 定制资产配置方案

财富管理业务发展到一定阶段,重点将从产品营销转为针对客户需求和偏好的资产配置。利用大数据技术,不仅可以帮助客户选择收益率适当、风险可控的多样化产品,而且可以更准确了解客户的风险和收益需求,为量身定制资产配置方案提供帮助。

3. 拓展客户

信托公司的财富管理业务将来有两个发展趋势,一是围绕更高净值的客户,开展家族信托服务;二是对接互联网,扩大客户范围和数量。对于后者,大数据技术可以在风险偏好、行为习惯等方面对客户进行更为细致的描述,帮助信托公司更有针对性地开发与维护客户。

4. 提升运营决策管理

通过大数据技术的运用,一方面帮助信托公司及时掌握内部经营管理状况。对经营活动中的数据进行有效利用,可以为管理层和相关部门提供具有较强价值和时效性的信息,对公司内部经营管理情况进行及时了解。另一方面帮助信托公司提高决策水平。用大数据思维和工具对公司经营管理的各方面进行描述,可以为公司的各项决策提供客观依据。大数据的即时性特征可以将相关信息迅速传递给管理层,有利于提高决策效率。

7.2.2 信托数据来源及应用分析

图 7-2 展示了信托大数据平台的层级架构,从源数据到应用层,信托大数据平台和其他金融机构类似,但是,数据来源和应用目的的差异使得信托大数据平台搜集整理数据的方式和数据计算方法与其他金融机构存在差异。

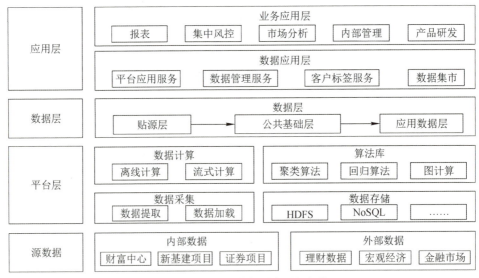

图 7-2 信托大数据平台层级架构

1. 数据来源分析

信托公司的数据规模虽不大但比较分散，因此，对数据的开发应循序渐进，尽量采用不断开发的思路，全面采集并整理公司发展所需要的数据。数据来源通常包含以下五个方面。

(1) 业务及管理数据。业务及管理数据是信托公司内部数据，也是信托公司大数据体系的核心和关键。信托业务涉及面广泛，各信托公司经营规划与投资业务不同，其数据来源不同。如图 7-2 所示，依据信托公司的经营特点，内部数据有财富中心、新基建项目、证券项目等。

(2) 信托行业数据。信托行业数据包括行业内各信托公司的基础数据、产品数据、风险数据、客户数据等，可以描述信托行业发展的全面特征，为公司在行业中的竞争提供直接参考。

(3) 金融市场数据。金融市场数据不仅包括货币发行量、利率、汇率等宏观金融数据，还包括股票市场、债券市场以及其他金融产品的数据，为信托公司的经营和决策提供重要依据。

(4) 宏观经济非金融数据。宏观经济非金融数据是指与信托业务发展相关的宏观经济数据、区域经济数据、特定行业数据、交易对手数据等，数据量大、覆盖面广。

(5) 监管规范要求的报表数据信息。

2. 大数据应用分析

(1) 产品研发。用投资的思维去做融资类业务，是传统信托业务专业化发展的方向。无论是在房地产领域，还是在地方基础设施项目上，都要用更专业的眼光进行判断。大数据技术有利于传统信托业务向更专业的方向改造升级，如在房地产领域里，通过大数据技术的支持，可以对项目所在城市房价走势、所在地段未来发展前景、区域人口流动及对房地产的需求、物价及收入水平等多因素进行全面分析，得到更为科学的结论。在地方基础设施项目方面，利用大数据技术对地方财政偿债能力、交易对手财务状况等做出综合判断，有利于确定项目的规模、价格等因素，进行科学的产品设计和决策。

在深化金融改革、鼓励业务创新的趋势下，利用大数据的商业价值，可以进行多种新产品和新业务模式的尝试。如消费信托、小额贷款等零售业务，信托公司可以利用大数据思维，针对其个人客户消费行为特征研发具体产品，有利于风险的分散与控制。

(2) 风险管理。信托业务涉及范围广，风险类型多样。借助大数据技术，可以较好地防范交易对手风险、项目风险、声誉风险等。交易对手的主体资格风险是最重要的风险之一，如果主体资格审查不严，把关不牢，后续风险防控工作都是空谈。对交易对手进行风险审查，需要联合业务、技术、法务、财务、税务多个部门，需要在统一的平台上了解和洞察交易对手的完整信息。

项目风险管理是多数信托公司提高风险管理水平的重点。但是，信托公司项目众多，每一个项目的融资方、抵押物、担保方的情况处于不断的变化过程中。而信托公司负责过程管理的人手十分有限，仅通过相关人员的定期调查回访，很难发现潜在的风险和问题。因此，可以利用大数据技术，建立每一个项目的过程管理数据档案，对抵、质押物的价值变化进行动态监测，对交易对手、担保方的经营情况、资产负债和现金流等信息进行及时分析，以提高风险管理的及时性和动态性，提高项目过程管理水平。

声誉风险也是信托公司要面对的重要风险之一。信托公司的舆情监测往往是事后进行，应对措施较为被动。银行等金融机构利用大数据技术等手段，对舆情风险进行预警，在这方面已经有了一定的探索。一些领先的大数据服务商，通过非结构化手段，研发出先进的舆情预警工具，这些先进手段将有助于提高信托公司的舆情预警能力，使信托公司更为主动地化解声誉风险。

7.2.3 信托大数据平台规划及模块分析

图 7-3 为信托大数据总体架构图，其包含以下内容：

(1) 数据整合平台。数据整合平台从各重要业务系统中抽取数据，转换为需要的形式，如图 7-3 所示，通过日志归集、搜索引擎、缓存、消息列队、关系型数据库等，再把数据加载到数据仓库中。

(2) 数据管理。数据仓库存储各系统汇入的数据，再借助统一的数据模型加工成分析型的数据，然后根据数据运用者的需要，再次借助数据整合平台为使用者提供数据。因此，数据管理工作很重要，需要明确数据质量、生命周期、调取、传输等工作制度。

(3) 项目管理中台。信托公司各级管理人员对项目管理的权限、目的各不相同，按主题构建项目管理数据，便于进行自定义报表、查询、对比、统计、分析和展现等处理，进而提供关键指标管理和决策支持。另外，部分监管报表和内部报表也可以通过此系统实现。

(4) 客户管理中台。信托公司对客户开发是有限的，在资管新规背景下，挖掘客户价值是信托公司回归信托业务的重要手段，因此，客户数据是未来各家信托公司重要的资源禀赋，依托现有产品构建客户管理中台，深度挖掘客户偏好，创新产品服务是迫在眉睫的工作。

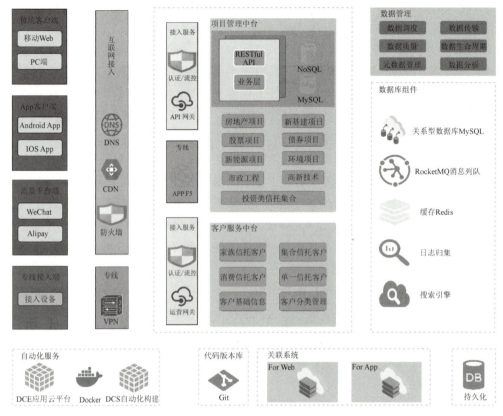

图 7-3 信托大数据平台架构

7.3 客户标签管理

大数据时代,信托产品竞争与服务制胜的背后是数据战,智能分析和数据价值在信托公司各级职能部门、业务部门不断涌现。客户经理在精准营销、客户关怀等方面,对数据分析的应用也更加深入,因此,客户标签在信托公司进行产品创新、实施产品战略方面起着重要作用。

7.3.1 客户标签概述

客户标签是在营销过程中,依据销售策略和客户特点,为客户增加属性特征的方法。因此,精确的客户标签是金融机构对客户全面的认识和深入理解。在这个过程中,不仅可以发现客户对营销活动的响应程度,对新产品的满意度,同时还可以考量客户的信用风险。

客户标签是应用大数据技术实施客户管理中常用的方法,比如"IT行业""全职妈妈""未成年青少年"等标签。客户标签可以用来区分客户类别,从而实现各种文案和营销活动的精准推送。近年来,信托公司开始尝试运用客户标签的方式给客户画像。如图7-4所示,通过挖掘分析,整理互联网信息后对客户的基本信息、兴趣偏好、常用App、常用网站、金融产品关注、非金融产品关注、上网特征、微博特征等进行分析后,一位北京海淀区男性客户的互联网画像跃然纸上。

第 7 章 大数据在信托行业中的应用

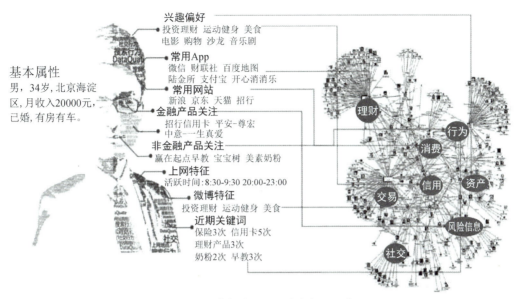

图 7-4 信托公司通过客户标签画像

7.3.2 客户标签体系的构建

依据客户特征设定的客户标签可能成百上千,但是对于信托公司而言,应参照业务需求和风险隐患形成一套适合信托公司的客户标签体系。依据客户标签的分类方式,可以从社会属性、金融特征、互联网行为特征等多个方面形成不同层级的客户标签体系,如图 7-5 所示。

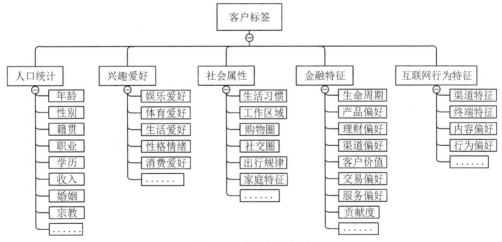

图 7-5 客户标签构建

1. 人口统计

根据人口统计学原理,客户的信息包含客户年龄、性别、籍贯等基本情况,还包含客户受教育程度、职业状况、家庭状况、宗教信仰等信息,这些构成了客户进行消费活动的基本条件及环境因素。

2. 兴趣爱好

兴趣爱好是指客户的业余生活，反映了一个人的处世态度及心理特征。娱乐、生活、文化等方面都可以反映出一个人的消费偏好。大数据技术结合客户的兴趣爱好，不仅可以给客户推送与他兴趣爱好相关的产品活动，而且还可以设计与兴趣爱好相关的可视化账单。

3. 社会属性

社会属性是人类的重要特征，反映了一个人在社会活动中的各种表现。社会属性是信托公司构建客户标签的一个重要参考内容，例如，针对工作性质属于公务员的客户提供公务卡消费类的产品，针对有车的客户办理 ETC 通行卡等汽车消费产品，都是依据客户的社会属性设计的产品，因此，这类产品的设计理念清晰，投放对象明确。

4. 金融特征

金融特征是指客户在与金融机构进行业务往来中产生的信息。例如，客户在不同银行的持卡状况、信用卡状况、持有理财产品状况等，这类数据可来自银行的内部信息，也可以通过数据挖掘获得。金融特征也是信托公司评价客户的一个重要内容，可以按照高价值、中高价值、低价值客户，进行分类管理。金融产品偏好的特征包括持有产品类型及投资额度、服务偏好的特性，如是否定期投资、生活缴费方式等；金融消费行为特征包括刷卡消费的地理位置、时段、品牌、回应广告营销等；渠道偏好特征是指客户的交易习惯，即通过手机银行 App、网上交易系统及柜面办理业务的频率；生命周期特征是指客户在信托开始办理业务到销户不再接触的各阶段，分获取期、提升期、成熟期、衰退期和流失期五个阶段。

5. 互联网行为特征

互联网行为特征是指客户在互联网或移动终端的浏览历史、操作行为等信息，这类信息主要通过第三方支付记录等渠道产生，形成了客户的浏览偏好、购买偏好、内容偏好、理财偏好、操作行为偏好等信息。浏览偏好是指客户感兴趣的应用、内容等，操作行为偏好指客户是目标直达型还是悠闲浏览型。

7.3.3 客户标签梳理与应用

1. 客户标签梳理

客户标签体系涉及各类业务条线和客户类型，应结合业务与技术特点，梳理标签体系。客户标签可按下面的思路进行梳理：①产品梳理——梳理出本公司所能提供的产品服务目录、产品特征等数据；②客户梳理——梳理出本公司所有客户的类型、从事的产品范围等数据；③营销梳理——梳理在特定的业务场景下，交易对象、交易渠道、交易行为、交易主体、交易方式等数据。

2. 搭建标签框架

（1）以业务流程为主线，构建各步骤中的行为维度。信托公司可以根据业务场景，结合客户信息，整理历史业绩数据，同业务方进行深度沟通，确立出强相关数据范围。以消费信托为例，可按照客户启用 App、注册登录、浏览、收藏、加入购物车等深度行为，在付费、再次购买等业务过程中构建不同维度的标签。

（2）以客户生命周期价值为主线，定义各阶段逻辑规则。根据客户消费特征，信托公司可以设置四个时间边界参数，即形成边界、活跃边界、沉睡边界与流失边界。信托公司应分析整理历史订单客户，判断历史订单的活跃度，界定时间范围，刻画客户生命周期价值，制定提升用户价值的路径办法。同时，还可以设计流失预警机制，当用户出现流失关联行为时，系统及时响应，以避免用户流失。

（3）以商业目标为导向，区分客户标签。以商业目标区分客户群是传统金融营销中常见的方法，信托公司可根据客户价值，划分客户群体，建立标签体系，以便于客户关系管理。

（4）由策略推导标签。信托公司可根据主题分解维度，有针对性地在数据仓中找出相关数据，梳理数据字典，并按照一定的逻辑规则整理标签。例如在设计新产品时，可根据产品适合的客户群体特征进行推导，得出标签特点及具体类目，并在数据库中匹配，按照产品特点形成不同产品的标签体系。

3. 标签的标准化管理

在按业务场景整理业务数据之后，按照属性进行分类，主要目的有三个：一是方便管理标签，便于维护和扩展；二是结构清晰，便于展示标签之间的关联关系；三是为标签建模提供子集，方便独立计算某个标签下的属性偏好或者权重。

标签的分类方法主要是 MECE(mutually exclusive collectively exhaustive)，即"相互独立、完全穷尽"，这是金字塔原理中非常经典的复杂问题拆解方法，尤其是针对比较大的研究课题，可以把整体分解成很多局部模块，再针对每个模块进行可能性假设和论证，最终得出满意的答案。

从数据的时效性看，标签可分为短期标签和长期标签。短期标签，比如用户的购买力、用户的活跃情况等，其存在有效期，因此，信托公司需要定期更新以保证标签的有效性。长期标签，比如性别、出生日期等，这类标签用来描述既定事实，几乎不会改变。

从数据提取维度来看，标签数据又可以分为事实标签、模型标签和预测标签。

（1）事实标签。既定事实，从原始数据中提取。比如，通过用户设置获取性别，通过实名认证获取生日、星座等信息。

（2）模型标签。没有对应数据，需要定义规则并建立模型来计算得出标签实例，比如支付偏好度。

（3）预测标签。参考已有事实数据，以预测用户的行为或偏好。比如用户 a 的历史购物行为与群体 A 相似，使用协同过滤算法，预测用户 a 也会喜欢某件物品。

在构建数据标签的基础上，结合数据挖掘、经验分布、专家建议等方式，进行信托公司客户画像模型的构建方法研究，可以给出构建客户画像的工艺流程。一般来说，客户画像的工艺流程分为五个阶段，分别是明确目标、数据准备、建立模型与模型评估、模型结果的评价与解释、标签的实施与优化方法。

7.4 消费信托业务创新

自 2014 年中信信托创建首个消费信托产品——嘉丽泽健康度假产品以来，信托公司纷纷推出消费信托产品。消费信托是为消费而进行的投资理财,也是一种具备了金融属性与产业属性的消费产品。国内消费信托创新产品可归纳为以下几种业务模式,分别是事务管理类、批发融资类、平台类以及助贷类四类。

7.4.1 事务管理类业务模式

事务管理类消费信托主要指的是委托人将自有资金交付给受托人,受托人完成特定目的的信托。受托人在这类模式中既不筹集资金,也不运用资金,只需要对账户进行管理以及结算方面的工作。绝大多数的通道业务属于这种类型,在实际的业务开展过程中,绝大多数都属于单一资金信托。

事务管理类业务模式的交易结构比较简单,如图 7-6 所示,信托公司创立一个单一资金信托产品,充当放款通道,提供放款、还款等基础服务。具体在业务开展过程中,一方面消费金融服务商与信托公司的内部财务系统对接,另一方面消费金融服务商在资产端获取客户,将客户的基本信息推送至信托公司,信托公司与借款客户签订合同,并向他们提供消费贷款。

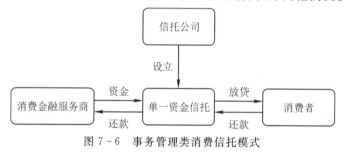

图 7-6　事务管理类消费信托模式

7.4.2 批发融资类业务模式

批发融资类业务模式指的是利用信托公司具有的融资优势以及丰富的行业经验,给一些消费金融服务公司提供大规模的融资。此业务模式依据融资方式的差异,可以划分为两种不同的种类,第一种类型是结构化的融资服务,不需要借助特定的资产,属于一种私募类型的产品;第二种类型是资产证券化融资服务,需要借助一些消费金融资产,属于公募类型的产品。

1. 结构化融资业务模式

结构化融资服务通常需要设立集合资金信托计划,具体指信托公司根据投资者的风险偏好,判断投资回报整体水平以及投资收益的秩序分配,在筹集最多的资金的同时,还需要对投资者进行分级,优先确保那些优先级比较高的投资者的个人利益,且通过消费金融服务商为消费者提供消费融资,同时,消费金融服务商以消费者应收账款为质押,如图 7-7 所示。

2. 资产证券化融资业务模式

资产证券化融资业务模式的投资者把消费金融资产作为一种信托资产,让信托公司成立一个特殊的目的信托,采用这样的方式能够对资产进行有效隔离。在此之后,信托公司可以聘请第三方机构对标的资产进行评级,通过级别确定份额比例,来对风险进行规避,对现金流进行切分,完成资产重组工作,最后根据标的资产的质量采用公募或者私募的方式向投资者募集资金,如图 7-8 所示。

第 7 章 大数据在信托行业中的应用

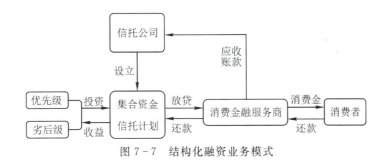

图 7-7 结构化融资业务模式

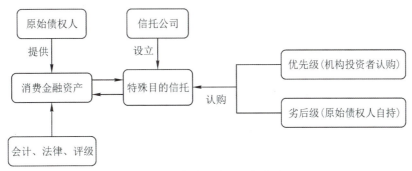

图 7-8 资产证券化业务模式

7.4.3 助贷类业务模式

助贷类业务模式指的是信托公司和消费者采用直接签订合同的方式。在这个过程中,消费金融服务商能够起到两个方面的作用,一方面将一些有贷款需求的消费者进行推荐,另一方面审核消费者的信用资质。助贷类业务模式根据不同的资金发放对象可分为两种:第一种是现金贷业务模式,此业务模式之下,消费者能够直接获取资金;第二种是受托支付业务模式,此业务模式之下,消费者是通过消费金融服务商得到资金的。

1. 现金贷业务模式

现金贷业务指的是消费金融服务商提供的一些利率相对较高的、没有指定消费场景的小金额的贷款业务。针对消费者来讲,这种类型的产品并不会对用途进行限制,消费者能够非常方便地获得贷款,如图 7-9 所示。现金贷业务模式使用了"双层"交易结构,结构的第一层是信托公司所创建的集合资金信托计划,结构的第二层是信托公司另外设置的单一资金信托,能够让消费者直接获取到贷款。具体在业务过程中,信托公司首先对接互联网金融公司的内部系统,借款用户将基本信息和借款需求进行上传,互联网金融公司会筛选借款用户的信息,并将筛选过的用户信息推荐至信托公司,最后信托公司借助中国人民银行征信系统和第三方机构审核用户资质,若符合发放贷款的标准,现金将自动发放至借款人的账户。

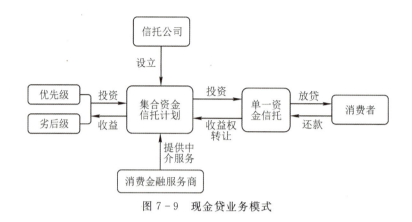

图 7-9 现金贷业务模式

2. 受托支付业务模式

在受托支付业务模式中,信托机构和消费金融服务商进行合作。这种模式和现金贷业务模式存在的最大差异性在于消费场景被限定,资金直接打给消费服务提供方,如图 7-10 所示。信托公司使用单一资金信托给消费者发放资金贷款,但在实际的业务办理过程之中,消费者需要提交贷款申请,信托公司会对消费者的信用进行核查,评估消费者的还款能力。

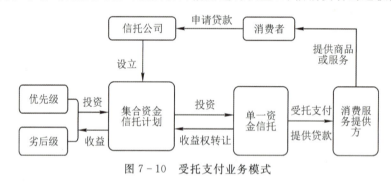

图 7-10 受托支付业务模式

7.4.4 平台类业务模式

随着大数据技术发展,消费信托向专业性更强的平台化金融资产管理模式发展,具体来说,信托公司利用公司的优势之处成为资金端连接的接口,构建消费金融业务类数据库,包含征信数据、客户数据以及管理类数据,如图 7-11 所示。

平台类业务模式通过专业的消费金融系统全面覆盖金融产业链的各个环节。在实际的业务开展过程中,贷前环节主要包含有签订合同以及审核信息信用两个过程。创建贷款合同指的是借款的消费者能够在移动客户端填写信息,同时签订合同,审核信息信用指的是信托公司会对贷款申请人的信息进行核查。贷中环节指的是利用"银企直联"为消费者提供贷款。最后的环节是贷后的管理环节,在该环节中,借款用户可以申请提前还款、逾期还款或者主动还款。通过贷前、贷中、贷后三个环节的管理,便可以通过专业化的资产管理平台管理资产,能够实现资金的循环使用和资产的流通转让。

第7章 大数据在信托行业中的应用

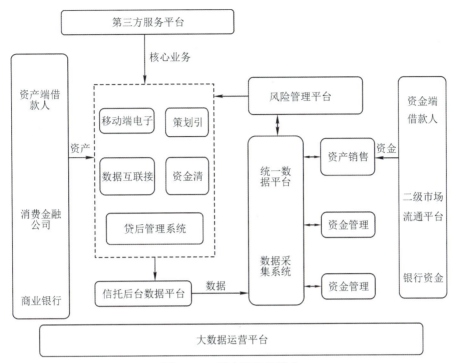

图 7-11 平台类业务模式

中信宝消费信托互联网平台

一、名词解释

信托公司　家族信托　消费信托　客户标签　事务管理类业务模式　批发融资类业务模式　助贷类业务模式

二、简述题

1. 简述信托大数据平台的设计要点。
2. 简述信托大数据平台的数据来源。
3. 简述信托大数据平台的主要应用。
4. 简述信托大数据平台的总体规划。
5. 简述客户标签体系包含的内容。
6. 简述客户标签梳理的思路。
7. 简述搭建客户标签体系的方法。
8. 试简述事务管理类业务模式与批发融资类业务模式的区别。

第8章　大数据在融资租赁中的应用

　学习目标

熟悉融资租赁大数据平台设计要点；
掌握大数据财务分析；
掌握大数据流程优化。

导入案例

融资租赁公司运用大数据技术开拓市场

某融资租赁公司在成立之初就确定了以机床加工行业为产品核心，以珠三角区域为市场核心的策略。经过多年发展，公司积累了近千家客户资料，通过对客户数据进行记录，初步形成了客户数据库。客户数据库中包含了三类指标，一是收入真实性指标，如电费、银行流水、设备台数、废料情况等；二是经营情况指标，如负责人从业时间、负责人教育情况、公司技术能力等；三是公司财务状况，如资产负债率、平均收款天数、营业额增长率等。另外，数据库除了客户数据库部分，还有标的物数据库和宏观产业数据库，以参与协助授信决策。标的物数据库主要关注标的物担保能力，如落地价值、技术进步趋势、市场活跃度等。

这家融资租赁公司了解到深圳 AA 公司希望添置 35 台加工设备，每台设备约 28 万元，需要资金 980 万元。AA 公司专业从事手机中框的车铣精加工，据公司提供的资料，其月收入 300 万元。这家融资租赁公司一方面通过标的物数据对比同类设备的品牌、型号、技术参数和价格，得出设备一手价格可靠，二手价格尚可的结论。另一方面通过自有客户数据库对比分析，发现同类客户单台该品牌立式加工中心的月产值在 3 万元左右，推算整个产能约为 150 万元/月，与 AA 公司所报 300 万元/月差距较大，于是产生了怀疑。为了印证是否是客户订单价格好，或技术突出，产生了竞争优势，这家融资租赁公司进一步分析其生产经营数据，征提申请人与其主要下游的对账单，得知手机中框加工费为 8~13 元/个，加权平均后为 10 元/个；通过和生产工人进一步沟通得知，每台机器每小时大约生产 5 个框，加工费在 50 元/小时·台，按每天 20 小时，每月 25 天计算，月加工收入约 125 万元，远远低于 300 万元。

因此，在综合分析申请人情况后，该融资租赁公司决定放弃该项目。

过了不久，这家融资租赁公司又接到中山 BB 厂申请，申请人是个体户，工厂就在钢材市场中，申请 150 万元，用于购买 200 万元的激光切割机一台。申请人从事板材切割和数位冲压工作，场内有 3 台设备，1 台小功率激光切割机，1 台等离子切割机，1 台数控多模位冲床，但设备铭牌均丢失，原值在 100 万元左右，由于财务记录不完整，难以了解实际购入年份和购入价格；申请人口述收入为 20 万元/月，多数现金交易，难以佐证，同时电费为 1.2 万元/月。根据数据库资料,对比同类客户设备及电费情况,该融资租赁公司认为申请人收入合理。

申请人规模小,收入低,盈利有限,一直未购置房产和车辆,通过数据库分析,其偿债能力弱,属于高风险客户,理应回避。但是,申请人潜在的下游需求明显,附近的CC公司主要从事银行柜员机外壳加工工作,月出货约2500台,一直有激光切割需求,但未购置激光切割机,工艺全部代加工处理,代加工费用约5万/月,主要交给珠海的DD公司,距离其约60千米,但申请人BB厂距离CC公司仅10千米,若BB厂增加激光加工能力,即可获得CC公司的订单。150万元的申请金额,月供租赁款约4万元,仅CC公司一家订单就能覆盖租赁款。另外,从数据逾期信息统计来看,珠三角激光切割申请人逾期的普遍原因是产能供给过剩,从目前情况看,若有2家同时从事激光切割的企业,容易产生价格竞争,造成加工费不足以偿付设备租赁款。经调查,BB厂附近30千米内没有激光切割企业。基于下游需求和地理优势,该融资租赁公司果断与申请人签订租赁合同。后期申请人还款及时,发展良好。

案例思考题:
1. 简述该融资租赁公司利用大数据分析的目的。
2. 大数据技术在融资租赁行业还有哪些可能的应用?

融资租赁作为一种融资工具,最早产生于20世纪50年代的西方国家,发展至今,在发达国家已成为仅次于银行信贷的第二大融资手段。我国的融资租赁发展较晚,1981年成立了第一家融资租赁公司,且受到各种法律制度不完善的约束,融资租赁业发展较缓慢,直到2004年,融资租赁业的发展才步入正轨。融资租赁作为一种融资手段,在我国经济建设中发挥了积极的作用,它在解决中小企业由于资金不足无法采购先进设备、应用先进技术问题上具有重要意义。

8.1 融资租赁业务及数据问题

融资租赁(financing lease),又称设备租赁(equipment lease),是指企业向租赁公司租借设备,按照合同规定支付租金的一种融资方式。融资租赁属于国际租赁方式之一,实际上是租赁公司给予用户的一种中长期信贷,出租人支付了全部设备的价款,等于对企业提供了100%的信贷,具有较浓厚的金融色彩。融资租赁被视为一项与设备有关的贷款业务,适用于价值较高和技术较为先进的大型设备。

融资租赁是集融资与融物、贸易与技术更新于一体的新型金融产业。由于其融资与融物相结合的特点,出现问题时租赁公司可以回收、处理租赁物,因而在办理融资时对企业资信和担保的要求不高,非常适合中小企业融资。

8.1.1 租赁业务

1. 直接租赁

直接租赁是指由承租人选择需要购买的租赁物件,出租人通过对租赁项目风险评估后出租租赁物件给承租人使用。在整个租赁期间,承租人没有所有权但享有使用权,并负责维修和保养租赁物件。出租人对租赁物件的质量好坏不负任何责任,设备折旧在承租人一方。

2. 售后回租租赁

售后回租租赁是指设备的所有者先将设备按市场价格卖给出租人,然后又以租赁的方式租回原来设备的一种方式。售后回租租赁的优点在于:一是承租人既拥有原来设备的使用权,又能获得一笔资金;二是由于所有权不归承租人,租赁期满后根据需要决定续租还是停租,从而提高了承租人对市场的应变能力;三是回租租赁后,使用权没有改变,承租人的设备操作人员、维修人员和技术管理人员对设备很熟悉,可以省时间和培训费用。同时,设备所有者可将出售设备的资金大部分用于其他投资,少部分用于缴纳租金。售后回租租赁业务主要用于已使用过的设备。

3. 杠杆租赁

杠杆租赁是指由贸易方政府向设备出租者提供减税及信贷刺激,而使租赁公司以较优惠条件进行设备出租的一种方式。杠杆租赁一般是出租人提供购买拟租赁设备价款的20%~40%,其余的60%~80%由出租人以设备作抵押向银行等金融机构贷款,即可在经济上拥有设备的所有权及享有政府给予的税收优惠,然后将用该方式获得的具有所有权的设备出租给承租人。购置设备成本中的借款部分称为杠杆,即财务杠杆,杠杆租赁实质上是把投资和信贷结合起来的一种融资方式。杠杆租赁的做法类似银团贷款,是一种专门做大型租赁项目的有税收好处的融资租赁,主要是由一家租赁公司牵头作为主干公司,为一个超大型租赁项目融资。

4. 委托租赁

委托租赁是指拥有资金或设备的法人为委托人,委托具有从事金融租赁业务资格的融资租赁公司向指定的承租人办理融资租赁业务。在租赁期内,租赁物的所有权归委托人,融资租赁公司仅收取手续费,不承担风险。租赁期满后,租赁物可转移给承租人,也可以不转移。需要注意的是,按照我国《金融租赁公司管理办法》,委托租赁中的委托人必须是法人,不得是自然人或非法人机构,受托人必须是具备经营融资租赁业务资格的法人。

8.1.2 融资租赁行业数据问题

1. 融资租赁业务数据零散,设备闲置率高

融资租赁行业的产业链主要涉及融资租赁业务中的三方主体,包括供应商、出租人和承租人。如图8-1所示,上游为供应商和提供资金支持的银行等金融机构,中游为融资租赁公司,根据公司性质分为金融租赁、内资租赁和外资租赁,下游承租人主要分布在航空运输、建筑、印刷、医疗、汽车租赁等行业。

融资租赁企业主要布局于交通运输、基础设施、大型设备、新能源、医疗等领域,且大部分为多元布局。小部分企业专注于某一行业,如中国飞机租赁专注于飞机租赁领域,环球医疗则主攻医疗领域。从上市公司的销售区域布局看,大部分企业的融资租赁业务位于中国,部分企业具有境外业务的开拓能力。

根据《2021上半年中国融资租赁业发展报告》数据,截至2021年上半年,广东省、上海市

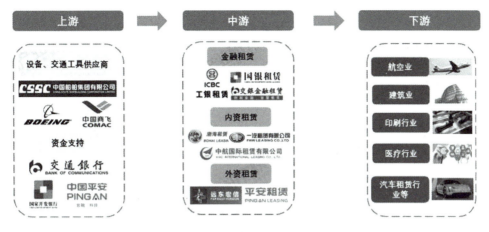

图 8-1　融资租赁行业全景
（资料来源：前瞻产业研究院）

和天津市的融资租赁公司数量全国排名前三，分别达到 4278、2222 和 2069 家，也是仅有的融资租赁公司数量超过 2000 家的三个省市。

由此可见，我国融资租赁行业正处于快速发展时期，行业范围较广，集中在东南沿海城市，融资租赁业务数据不集中，大多数的设备难以在确定的时间里找到后续使用者，出现设备大量闲置的情况，造成了租赁公司成本高、租赁资源利用率低下等不良后果。

2. 融资租赁监管环境不断发生变化，监管数据不完备

从 1996 年《最高人民法院关于审理融资租赁合同纠纷案件若干问题的规定》，到 2021 年 1 月 1 日《中华人民共和国民法典》中融资租赁合同专章的正式实施，融资租赁的行业法律环境不断完善，全国融资租赁公司规模也从几十家迅速上升至 12000 家以上。随着法律环境的演变，融资租赁会计和税收环境也在变化。2006 年，财政部首次发布《企业会计准则 21 号——租赁》。此后，财政部和国家税务总局多次就租赁税收问题做出了明确的规定。

2018 年 5 月 14 日，商务部宣布自 2018 年 4 月 20 日起已将制定融资租赁公司、商业保理公司、典当行业务经营和监管规则的职责划归银保监会，有关职责由银保监会履行。依据 2017 年全国金融工作会议确定的"融资租赁等机构由中央制定统一规则，地方负责实施监管，强化属地风险处置责任"原则，2020 年 5 月 26 日，银保监会发布了《融资租赁公司监督管理暂行办法》。此后，各地方金融监督管理局以此为准绳，陆续出台了符合当地发展的融资租赁监管政策，融资租赁行业至此进入强监管时代，初步形成了"银保监会统一监管，地方金融监督管理局作为监管补充"的监管格局。2021 年 12 月 31 日，央行发布了《地方金融监督管理条例（草案征求意见稿）》，公开向社会征求意见，明确将融资租赁公司划归为"地方金融组织"，与小额贷款公司、融资担保公司、区域性股权市场、典当行、商业保理公司和地方资产管理公司并列，并规定"地方金融组织应当坚持服务本地原则，在地方金融监督管理部门批准的区域范围内经营业务，原则上不得跨省级行政区域开展业务。地方金融组织跨省开展业务的规则由国务院或授权国务院金融监督管理部门制定"。

8.2 融资租赁行业大数据平台建设

大数据技术对融资租赁行业的发展影响较大,在提升客户满意度、评估潜在市场机会、开发新产品与服务、保持竞争优势等方面应用广泛。

8.2.1 融资租赁大数据平台需求分析

1. 提升业务管理能力,降低设备闲置率

通过大数据平台搜集梳理业务信息,形成主题模块,有利于业务运营情况分析,且针对设备状态、客户需求或项目需求、设备使用周期、项目生命周期、项目进度及项目租金回收等业务数据进行统计预测分析,可合理配置资金与设备,提高设备使用率。

2. 提高企业运营效率,降低财务成本

通过大数据平台,可对收入、利润、总资产规模、负债规模、租赁资产余额、拨备计提总额等关键财务指标进行分析,同时可进行流动性监测分析,包括现金流量分析、新增融资分析和资金项目进度等数据,另外,也可对标相关减免税收规定,提高企业运营效率。

3. 通过大数据平台监管业务,有利于稳定融资租赁市场

融资租赁公司根据企业性质分为金融租赁、内资租赁和外资租赁公司三种类型。金融租赁公司是指由中国银行保险监督管理委员会批准,以经营融资租赁业务为主的非银行金融机构;内资租赁公司是指除了金融租赁公司之外的内资试点企业,资金来源主要是企业自有资金以及银行信贷资金;外资租赁公司是指外国公司、企业和其他经济组织在中国境内以中外合资、中外合作以及外商独资的形式设立从事租赁业务、融资租赁业务的外商投资企业。加强融资租赁公司日常经营监管是防范经营风险,促进行业健康发展的有效手段。

8.2.2 融资租赁数据来源及应用分析

图8-2是融资租赁大数据平台的层级示意图,主要包括数据来源、平台数据收集、整理分类、数据应用方向几个内容。

1. 数据来源

根据目前我国融资租赁行业的发展,融资租赁公司的内部数据主要来自公司从事租赁服务的行业设备数据、合同数据及企业内部财务数据。有利于公司经营决策的外部数据有国家宏观经济数据、融资租赁行业数据及金融市场数据信息。

2. 应用分析

如图8-2所示,大数据融资租赁平台有以下应用:

第 8 章 大数据在融资租赁中的应用

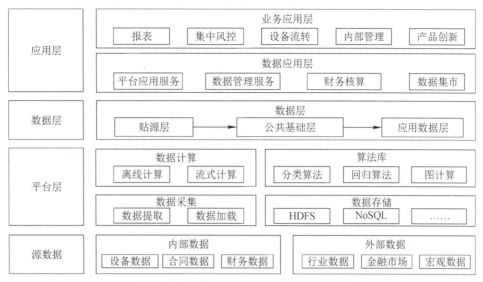

图 8-2 融资租赁大数据平台层级示意图

(1) 业务运营情况分析，主要是针对设备投放、设备生命周期情况、设备使用情况及设备租金回收情况进行统计分析。

(2) 日常经营数据分析，主要是针对业务合同和相关财务经营指标进行统计分析。

(3) 同业分析，选取资产规模相近的金融租赁公司按季度获取行业数据进行对比分析。

(4) 资产状况分析，包括资产状况、资产投向分布、期限结构分析等。

(5) 台账数据管理，针对无法通过系统提取的数据，采用手工填报的方式录入。

8.2.3 融资租赁平台规划及模块分析

融资租赁企业在服务实体经济本源政策下，借助大数据技术，可以充分发挥融资与融物属性，推动业务创新，突破同质化竞争格局。

1. 平台规划

如图 8-3 所示，融资租赁大数据平台可以从以下几个方面进行设计规划。

(1) 在数据收集方面，应侧重构建内部特有数据库，要完善设备数据，从设备性能、保养、维修等方面建立设备数据，合理折旧，科学评估设备养护费用；要完善合同数据，一方面完备合同扫描数据的存储与整理，保留重要凭证数据，另一方面挖掘合同数据价值，完善产品服务。

(2) 在数据存储方面，可利用 Hadoop 平台资源，完善自身机架设备，降低大数据平台的开发维护成本。

(3) 在数据管理方面，突出财务数据分析、监控，降低运营费率，挖掘行业信息，开拓新服务领域。

(4) 在数据应用中，除了常见数据服务外，注重查询信息检索服务，形成客户、设备、合同良好的对应关系。

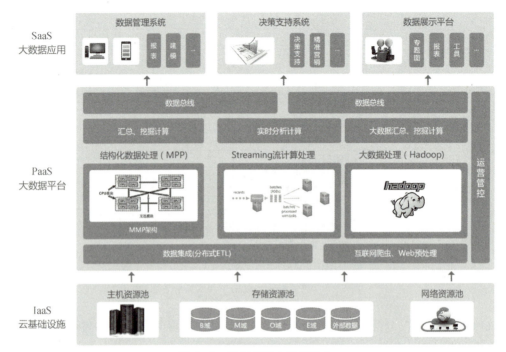

图 8-3 融资租赁大数据平台

2. 业务模块

根据数据分析模块,具体业务模块有以下几个方面:

(1)企业信用风险评估。租赁前需要通过大数据平台解决信息收集难、效率低的难题,提升业务覆盖率和反欺诈能力。同时,多渠道获得主体企业工商登记、司法涉诉、新闻、招聘等信息,了解目标客户的基本情况,为项目经理的尽职调查任务提供依据及重点内容,提前布局,有的放矢。

出租方还要关注租赁资产价值、关联交易背景等方面。出租方要对承租方进行关联性分析,抽取出符合母子公司依赖、股权投资、共同高管任职、疑似关联等特征的企业,同时根据个人高管身份防重名技术,保障关联关系的准确度。

(2)企业还款能力评估。通常对企业信用等级评定主要考虑六个方面:企业基本情况、财务结构、偿债能力、经营能力、经营效益和发展前景。

企业基本情况在第一阶段信用风险评估中已筛查,针对高管个人情况,在获得被查询人授权后,通过大数据平台评估个人失信和被执行记录。财务结构、偿债能力、经营能力、经营效益均是通过融资企业提供的财务数据进行分析,而中小企业往往拥有两套及以上的财务报表,这时风险管理部门通常会结合其他来源的财务数据进行合理性分析,如比对企业过往几个年度的具体资产负债状况(含动产融资、土地抵押、股权质押等)、损益状况和现金流状况,从而可以得到企业的成长能力、盈利能力、营运能力等分析性指标,给租赁公司的风控人员提供合理的参照指标。

(3)企业资产的可追溯性。融资租赁业务周期长、重资产,是一种长期风险投资,对于租后的监控及检查要求很高。通过大数据平台,可实时监控目标企业的股东、高管、经营状况、负面舆情的变动情况,自动添加关联,并依据模型指标智能判断其生产经营是否正常,同时根据用户的自定义风控规则,进行智能化预警。

8.3 大数据财务风险管控

融资租赁公司在经营过程中,需要建立完备的企业财务风险防控制度,及时发现企业内部与外部的风险因素,加强财务风险管理。

8.3.1 财务风险的概念及特点

1. 财务风险的基本概念

财务风险是指在筹资、投资、经营以及利润分配的过程中,因为某些不可控或无法预判的因素,导致财务活动存在损失的可能性。财务风险往往是不可避免的,因为高收益对应高风险,可能带来很高的收益,也有很大概率引发严重的危机。但是,企业可以采用适当的方法控制财务风险发生的概率,或减少财务风险带来的损失。

2. 财务风险的特点

财务风险是风险在财务方面的体现,既有风险的特点,也包含了财务的特点。财务风险的特点如下:

(1)财务风险具有客观性。一些财务风险不以人的想法而改变,如市场变化引致的财务风险,人们不能完全将其消除,只能够使用有效的方法尽量对其进行控制,与此同时也要遵循成本效益原则。

(2)财务风险具有全面性。财务风险是贯穿于所有的经济活动而始终存在的,在筹资、投资、经营以及利润分配等各方面都可能存在。

(3)财务风险具有不确定性。财务风险发生属于随机事件,对企业造成的损害大小也是不确定的。

(4)财务风险具有双重性。风险与收益一般成正向关系,高收益对应高风险,低收益一般相对风险较低,管理者需要权衡利弊做出决策。

(5)财务风险具有可测量性。在分析企业的财务风险时,可以采用数学手段,建立模型进行分析预测。

8.3.2 大数据财务风险策略

在信息技术迅猛发展的背景下,企业的财务风险因素变化多样,需要从以下几个方面着手应对企业财务风险。

1. 系统化风险管控策略

系统化风险管控机制是指建立财务风险预警、反馈与处理机制,加速对财务风险的识别并采取合理应对措施。大数据环境下,企业被海量冗杂的数据包围着,在海量数据中收集到有效的财务风险信息后,需要建立一套完备且行之有效的风险管控机制。

2. 开放性风险防范策略

企业产生财务风险既有自身内部因素的影响,也有外部环境因素的影响,企业应结合内外部因素变化,自主调节自身风险预警与反馈机制,继而科学提高企业对财务风险的防范能力。

3. 持续性风险应对策略

财务风险伴随着企业经营的整个生命周期,财务风险防范是企业经营中重要的工作之一。利用大数据技术建立智能财务风险防控系统,既是满足持续性风险应对的需求,也是全面防控的需要。

8.3.3 大数据财务风险识别

融资租赁公司的财务风险识别中,不仅需要关注自身财务风险,还需要关注交易对手的财务风险。

1. 数据收集

企业面对各种渠道获得的数据,要分析渠道的有效性,如客户经理尽职调查的数据比客户提供的数据可靠,工商、税务等部门提供的企业经营数据比网络数据可靠;要分析获取的数据的准确度与相关性,可以通过抽检核验等方式,检查数据的准确度,如企业提供给融资租赁公司的财务数据与提供给工商税务部门的数据是否一致,或根据纳税情况估算企业的经营情况;要获得关联方的数据,对融资租赁企业来讲,不仅要收集承租企业的经营数据,还要收集设备供应商的一些数据,设备成本是融资租赁企业财务风险的重要影响因素。

2. 数据处理

数据处理工作包含以下一些内容:①数据转换,将不同格式的数据加工成可供浏览、查询的数据结构,如图表、文本形式等;②数据删除,删除无效信息,如缺失数据、无意义符号等;③数据分组,按照有关信息进行有效分组。

3. 数据分析

大数据技术下的企业财务风险识别区别于企业传统的财务分析,采用多维度的数据分析模式,同时注重实时统计分析,以有效提高企业风险识别的效率和效果,帮助企业实时监控财务风险,扩展数据分析的应用场景。

传统的企业财务分析主要集中于事后分析,通过企业报表反映企业的相应能力,数据分析结论应用于投资者、决策者等,该结论对于企业各运营部门的应用价值并不高。而注重实时大数据财务风险识别可以有效展示企业各运营阶段财务情况,大数据分析结论能够为企业各个运营环节提供数据参考,扩展数据分析的应用场景,提高了企业风险识别与管控能力。

8.4 大数据业务流程优化分析

传统的融资租赁公司业务流程主要包括业务受理、评分、尽职调查、授信额度、租赁方案设计等内容,需要花费大量的人力调研企业经营情况,而在大数据技术支持下,可对企业进行初筛,同时,可通过数据库企业经营数据,比对分析目标企业经营水平,以及设备技术、价格、性能等信息,有针对性地制定尽职调查方案,提高尽职调查效率。

8.4.1 申请评分

融资租赁企业对客户进行申请评分工作是与客户初步建立业务关系,通过融资租赁企业内部业务系统,录入客户提供的相关资料,进行内部评分的过程。根据企业申请,结合中国人民银行征信数据、行业经营数据、企业提供的信息等多维数据进行比较分析,以输出评分的形式对申请用户的信用风险进行定量判断。根据客户的业务特征,可以采用广义线性模型框架下的逻辑回归模型来实现评分。

评分基于科学且严密的建模流程,同时建模过程中可以充分吸收已积累的专家经验与行业经验,形成最终的最适用于客户的定制化评分。企业以通过、人工审核、建议拒绝等策略反馈结果,按照业务人员、风控人员方便操作的形式,根据客户的风险管理策略,结合模型评分具体的样本表现,制定具体的模型评分的应用策略。

8.4.2 基础授信额度

基础授信额度是申请者申请通过之后,融资租赁公司初步制定申请者的信用额度。基础授信额度基于客户的风险等级,结合对企业经营数据稳定性评估等得到对收入的预测,进行额度、利率、期限的确定。

在基础授信额度下,企业根据申请者需求,结合设备成本、折旧、更新等信息,提供具体的融资租赁方案,且需结合风险管理、产品竞争力、产品收益性三个方面来制定应用策略。

8.4.3 利率定价模型

利率定价模型是根据账户的行为特征和信用表现制定利息率和各项收费水平。利率定价对市场均衡和商家盈利有着举足轻重的影响,需要与客户、审批人员、风险人员共同商议,结合风险管理、盈利水平制定风险定价模型及使用策略。

1. 贷中行为评分模型

贷中行为评分模型是信贷管理中最常用的预测模型之一。贷中行为评分模型是指在对申请用户提供融资租赁服务后,利用企业的历史经营数据和行为特征来预测该客户未来一定时期内发生逾期的风险概率的模型。

用户申请后的行为信息较为丰富,融资租赁公司可结合设备生产运行情况,以及企业各种欠款、还款信息,开发出具备强大预测力的行为评分模型,为管理决策提供数量化的、科学的依据。根据行为风险评分,融资租赁公司对用户可以进行更精细化的分层管理,对设备运转率高、生产效率高、风险低客户可以提高信用额度等,对设备空置率高、订单少、风险高客户可以加大催收力度等。

2. 早期催收模型

早期催收模型是预测申请用户在发生一次逾期后再次逾期的可能性,在早期就采取催收行为防止信用恶化。通过对每一位客户进行打分,低于分数阈值则认定该客户为潜在逾期客户,通过模型筛选及早期催收行动将即将发生逾期的客户转换为正常客户。早期催收模型输出结果是客户可能再次发生逾期的评分,分数越低,风险越高,逾期可能性就越大。

3.晚期催收模型

晚期催收模型用于预测客户未来还款的可能性。通过对高账龄逾期客户进行风险排序,有利于在催收过程中集中人力物力,优先催收还款可能性更高的客户,尽快化解存量不良资产,提升催收效率。晚期催收模型输出结果是预测客户未来还款的评分,评分越高,还款可能性越大。

课后习题

一、名词解释

直接租赁　售后回租租赁　杠杆租赁　委托租赁

二、简述题

1. 简述融资租赁行业的大数据需求。
2. 简述融资租赁行业的数据问题。
3. 简述融资租赁大数据规划。
4. 简述大数据技术在财务风险预警中的应用。

第9章　互联网金融中大数据应用

学习目标

掌握互联网金融的运营模式；
掌握互联网金融反欺诈。

导入案例

京东金融：利用大数据平台实现金融重构

京东金融自2013年开始独立运营，目前已有保理、小贷、第三方支付、基金销售、保险经纪等牌照，业务板块包含支付业务、财富管理、供应链金融、信贷工厂、保险业务、众筹业务等。京东金融如何完成对业务板块的确定？这与背靠的京东集团有着密不可分的关系，京东拥有超2.4亿的活跃用户交易数据、几十万供应商与合作伙伴数据，同时，通过投资和合作等形式，不断丰富数据资源。在获取数据源的基础上，京东通过搭建大数据分析平台，完成了对京东金融首轮业务板块的探索和布局。京东金融大数据分析平台的功能具体有以下几个方面：

1. 数据共享

通过数据平台实现数据集中，确保金融集团各级部门均可在保证数据隐私和安全的前提下使用数据，充分发挥数据作为企业重要资产的业务价值。

2. 业务协作

实现分散在供应链金融、人人贷、保理等各个业务系统中的数据在数据平台中的集中和整合，建立单一的产品、客户等数据的企业级视图，有效促进业务的集成和协作，并为企业级分析、交叉销售提供基础。

3. 业务创新

金融集团业务人员可以基于明细、可信的数据，进行多维分析和数据挖掘，为金融业务创新（客户服务创新、产品创新等）创造了有利条件。

4. 提升效率

通过数据平台对数据进行集中，为管理分析、挖掘预测类等系统提供一致的数据基础，改变现有系统数据来源多、数据处理复杂的现状，实现应用系统建设模式的转变，提升相关IT系统的建设和运行效率。

5. 改善数据质量

从中长期看，数据仓库对金融集团分散在各个业务系统中的数据整合、清洗，有助于企业整体数据质量的改善，提高数据的实用性。

通过京东金融大数据分析平台的打造，京东不仅完成了对金融业务布局的需求，同时，京东金融进一步实现了风控体系、支付体系、投研体系、投顾体系等一整套金融底层建设,底层业务体系的完备,也为未来的业务方向提供了有力的数据支撑。随着大数据、人工智能、商业智能(BI)等技术的应用,京东金融正在开启对传统金融行业的形态重构。

资料来源:京东金融:利用大数据平台实现金融重构[EB/OL].[2022-01-27].https://m.sohu.com/a/226179442_99987923/.

案例思考题:

1. 简述京东金融的主要产品。
2. 简述大数据平台对互联网金融的影响。

9.1 互联网金融概述

互联网金融是指利用互联网技术和信息通信技术实现资金融通、支付、投资、信息中介服务的金融服务模式。从事互联网金融的企业既有传统的金融机构,又有互联网企业,互联网金融的经营模式主要有第三方支付、众筹、信息化金融机构、互联网金融门户等。

9.1.1 互联网金融经营模式

1. 第三方支付

根据央行对非金融机构支付服务管理的规定,第三方支付是指非金融机构作为收、付款人的支付中介所提供的网络支付、预付卡、银行卡收单以及中国人民银行确定的其他支付服务。简单来讲,就是非银行机构借助通信、计算机、信息安全技术,通过与各大银行签约的方式,在用户与银行支付结算系统间建立连接的电子支付模式。市场上第三方支付公司的运营模式可以归为两大类:一类是以支付宝、财付通为代表的依托自有 B2C、C2C 电子商务网站,提供担保功能的第三方支付模式;另一类是以快钱为代表的独立第三方支付模式。

2. 众筹

众筹是指项目发起人通过利用互联网和社交媒体传播的特性,发动公众的力量,集中公众的资金、能力和渠道,为小企业或个人进行某项活动或某个项目或创办企业提供必要的资金援助的一种融资方式。众筹融资门槛低且不再以是否拥有商业价值作为唯一的评判标准,为新型创业公司的融资开辟了一条新的路径,融资渠道不再局限于银行、私募股权投资和风险投资。

众筹项目种类繁多,不仅包括新产品研发、新公司成立等商业项目,还包括科学研究项目、民生工程项目、赈灾项目、艺术设计、政治运动等。经过近年来的迅速发展,众筹已经逐步形成奖励制众筹、股份制众筹、募捐制众筹和借贷制众筹等多种运营模式,典型平台有点名时间、大家投、积木网等。

3. 信息化金融机构

信息化金融机构是指通过运用以互联网为代表的信息技术,在互联网金融时代,对传统运营流程、服务产品进行改造或重构,实现经营、管理全面信息化的银行、证券和保险等金融机构。

互联网金融时代,信息化金融机构的运营模式相对于传统金融机构运营模式发生了很大的变化,目前信息化金融机构主要的运营模式可分为以下三类:传统金融业务电子化模式、基于互联网的创新金融服务模式、金融电商模式。传统金融业务电子化模式主要包括网上银行、手机银行、移动支付和网络证券等形式;基于互联网的创新金融服务模式包括直销银行、智能银行等形式及银行、券商、保险等的创新型服务产品;金融电商模式就是金融机构搭建的电商平台,如建行善融商务电子商务金融服务平台、工商银行融易购电子商务金融服务平台、泰康人寿保险电商平台等。

4. 互联网金融门户

互联网金融门户是指利用互联网提供金融产品、金融服务信息汇聚、搜索、比较及金融产品销售并为金融产品销售提供第三方服务的平台。按照服务内容与服务方式,互联网金融门户分为第三方资讯平台、垂直搜索平台以及在线金融超市三大类。第三方资讯平台是提供全方位、权威的行业数据及行业资讯的门户网站,典型代表有网贷之家、和讯网等。垂直搜索平台是聚焦于金融产品的垂直搜索门户,消费者在门户上可以快速地搜索到相关的金融产品信息,典型代表有融360、安贷客等。在线金融超市的业务形态是在线导购,提供直接的购买匹配服务,因此该类门户集聚着大量金融类产品,利用互联网进行金融产品销售,并提供与之相关的第三方服务,典型代表有大童网、格上理财、91金融超市以及软交所科技金融超市等。

此外,互联网金融门户又可以根据汇集的金融产品、金融信息的种类,分为信贷类门户、保险类门户、理财类门户以及综合类门户等子类。

9.1.2 互联网金融的运营特点

传统金融机构建立的互联网金融平台主要以满足金融机构业务发展需求为主,而互联网企业拓展的金融业务在金融产品与金融服务方面有一些创新之处。如阿里巴巴创建了蚂蚁金服,致力于为小微企业和消费者提供普惠金融服务;腾讯在挖掘社交数据基础上,推出了理财通、微粒贷、微信支付等金融产品和服务,成立了互联网银行——微众银行;京东金融建立了供应链金融、消费金融、众筹、保险、支付等互联网金融业务板块,经营领域逐步从电子商务向互联网金融渗透。此外,百度、苏宁、搜狐也分别建立了百度金融、苏宁金融、搜易贷。表9-1比较了典型互联网金融平台的运营特点。

表9-1 典型互联网金融平台运营比较

比较项目	蚂蚁金服	腾讯金融
母平台	以支付宝为核心	以财付通为核心
子平台	理财平台(余额宝、招财宝、蚂蚁聚宝、阿里汽车金融); 保险平台(淘宝保险、众安保险); 众筹平台(淘宝众筹、蚂蚁达客); 芝麻信用; 网商银行	理财(理财通); 借贷平台(微粒贷); 保险基金超市; 保险服务(微保); 微众银行; 腾讯征信

续表

比较项目		蚂蚁金服	腾讯金融
关联市场		电子商务(淘宝、天猫); 文化娱乐市场(淘票票等); 金融IT技术服务市场(蚂蚁云); 物流市场; 广告市场; 本地生活消费	文化娱乐市场; 广告市场; 本地生活消费出行(城市服务)
关联产业链		网购链、文化娱乐产业链、支付链、 物流链、投融资产业链	文化娱乐产业链、支付链、 投融资产业链
平台应用层		围绕个人衣食住行,生活文化娱乐消费, 以及中小企业经营而形成的集支付、投融 资、理财、保险等为一体的综合金融服务	依托社交平台,建立集支付、 投融资、互联网理财、金融大 数据、征信等为一体的综合 金融服务
平台规则层	定价策略	大数据风险定价	大数据风险定价
	流程规则	围绕用户生活消费场景的场景化设计	围绕用户生活消费场景,以社 交为核心的场景化设计
	竞争策略	互联网金融多元化差异化竞争	互联网金融多元化差异化竞争
平台数据层	基础设施	蚂蚁金融云等云计算;大数据分析及风控系统	腾讯云;大数据分析与 风控系统
	数据来源	沉淀电商数据、社交数据、本地生活数据、 信用数据;物流数据	社交数据、本地生活消费数 据、用户属性和行为数据; 信用数据
盈利		中介费、商户推广服务费、沉淀资金利息、利差、广告收入、 大数据等IT资源服务费	中介费、商户推广服务费、沉 淀资金利息、利差、广告收入、 大数据等IT资源服务费
发展趋势		大数据驱动的平台生态化	大数据驱动的平台生态化

典型的互联网金融平台体现出以下特点:①它们本质上均依托商业化的互联网平台载体进行商业化运营,提供金融中介服务。应用层向客户提供金融产品和服务;规则层主要包括平台的运营规则、竞争策略等;数据层通过整合IT软硬件资源和多维信息数据形成平台运营、交易和风险控制的技术基础。②以云计算和大数据为核心技术,以海量数据为基础资源,通过对客户数据深度挖掘,开发场景化的金融服务和产品与创新服务流程,满足客户金融需求。

③平台具有较强的信息汇集和收集能力,表现出以大数据驱动平台运营的发展趋势,并根据平台不同定位开展综合化或专业化的发展战略。

9.1.3 互联网金融的外部性

互联网金融的外部性是指在互联网金融连接的双边市场中,市场一方用户数量和规模的增加会引起另外一方用户使用该平台的效用和价值增加。在综合性互联网金融理财平台中,资金需求者的数量增加,会促进金融产品和服务生产者提供更多相关服务并实现规模经济效应,降低其金融产品和服务开发成本,实现更高的利润水平,进而吸引更多的金融产品和服务提供商参与平台交易活动。互联网金融服务是为了培养用户、汇集用户,从而引发网络集聚效应,降低交易成本。由于外部性的存在,互联网金融市场双方都需要在预期对方加入平台时才愿意加入,而只有在双边市场用户同时参与进互联网金融平台中并实施交易行为,该互联网金融平台才能获利从而体现价值,实现双边市场用户的相互依赖性和需求互补性。

此外,如果互联网金融要同时维持双边客户的数量并能不断地为双方提供产品或服务,就必须拥有足够的竞争力和足够的客户规模。双边客户数量的扩张和增长是互联网金融负担平均成本、盈利以及发展的前提条件,因此,如何利用大数据技术规模化地识别潜在用户、开发用户、提供最合适的产品和服务满足用户以提高用户黏性,对于互联网金融发展至关重要。

究竟谁在使用余额宝

9.2 大数据推动互联网金融商业创新

随着信息经济的发展,利用互联网、大数据等技术促进企业商业模式创新成为企业家和学者共同关注的焦点。商业模式是基于多重要素和相关关系之上,用于说明企业商业逻辑的概念性工具。它可以解释企业如何通过创造顾客价值、建立内部结构以及与合作伙伴构建合作网络进而开拓市场、传递价值、获取超额利润。

9.2.1 大数据通过整合资源推动商业创新

互联网金融企业的大数据资源整合能力是指获取和收集企业内外部数据和整合大数据相关人力和技术资源的能力。互联网金融企业大数据平台沉淀着海量的用户消费行为数据,以数据作为生产资源要素,运用大数据分析和挖掘技术,可以深刻洞察隐藏在数据背后的商业价值,实现企业的价值主张创新。

(1)洞察消费者真实金融需求。基于用户"交互"的数据信息具备无限接近用户的潜能且能够帮助互联网金融平台洞悉用户的真实需求。互联网金融企业大数据平台通过获取用户浏览记录、点击偏好、留言、消费意愿以及真实的交易支付等数据,可以洞察用户或接近用户的内心真实想法,从而获取到用户的金融需求。

(2)实现精准营销。传统营销方式基于消费者的地理位置、人口统计特征。利用大数据的分析挖掘能力,用户的兴趣、偏好、消费行为习惯都被记录,通过多维度、多场景、实时数据建模,使得对消费者细分和界定成为可能,进而可以有针对性地制定金融产品营销策略,降低获客成本。

互联网金融公司对于金融平台上小微企业、商家动态经营数据和资金流情况掌握着极大主动性,利用大数据建模及智能预测能力,互联网金融公司了解到企业可能有资金需求时,可主动向企业抛出橄榄枝,从而进行精准营销。

9.2.2 大数据通过数据要素生产推动商业创新

(1)基于强大的生产能力,实现大数据资源商品化,开展数据资源服务业务,创造新的利润来源。大数据技术的发展为信息分离提供了载体和工具,用户在各类信息平台上留下了海量数据,聚合数据蕴含极高商业价值并具备销售可能,由数据要素转向数据产品。例如,蚂蚁金服在运营的过程中积累和存储了海量的用户交易数据,经过数据清洗、整合和标准化,并存储于云存储系统 Ocean Base 中,构建了"维他命"数据平台,形成面向进驻金融机构的多项数据产品,实现了数据的商品化。2017 年 9 月,"维他命"数据平台向金融机构开放,以此支持各银行、基金保险等金融企业更加有效地运用数据服务进行客户开发、运营和研发工作。例如,基金公司可以根据"维他命"数据平台开发大数据指数基金,银行可以通过大数据提高客户评估效率,为客户提供更为便利的授信及现金分期等业务。互联网金融平台上的金融企业基于数据平台进行大数据应用创新,可以建立对竞争者的优势,从而巩固和扩大市场份额。

(2)以大数据平台和技术为基础设施,以数据为线索资源,企业基于大数据分析挖掘能力对互联网金融业务流程进行改造。如 C2B(consumer to business,即消费者到企业)的金融业务服务创新模式中,根据用户的风险偏好和资金禀赋,利用大数据分析和挖掘建模能力,提供定制化的财富管理方案,实现企业对金融业务流程再造。

(3)大数据技术缩短传统金融服务时间,提升金融服务效率。例如,基于互联网金融平台获取的用户的结构和非结构数据,运用大数据平台调用、处理,使用大数据智能实施与预测技术对用户进行信用风险评级,实现用户 3 分钟申请贷款,1 秒放款,0 人工干预,颠覆传统金融贷款授信业务的复杂流程。

9.2.3 大数据通过价值传递创新推动商业创新

价值传递是企业通过开发和创造价值,并将其传递给消费者的过程。基于消费者对商品需求的本质是使用商品而非拥有商品,可以实现价值传递创新,如出售模式改用租用模式。互联网金融平台向金融机构开放基础设施服务,金融机构可以快速廉价地按需租用云计算和大数据存取服务,无须自我搭建软硬件设备,即用较低的成本搭建起一套适应互联网金融需要的系统应对快速增长业务。在租用过程中,金融机构使用过程可被记录和量化,而大数据可以实现使用过程、频率、强度的实时监控和记录,实现用大数据基础服务租用方式将价值传递给客户。

价值传递目的是企业需要以更高效的方式将价值传递给与企业价值标准近似或相容的客户,这就要求企业需要创新开展搜寻与企业价值标准近似的客户的活动,并实现价值的快速传递。互联网金融平台通过构建网络社区论坛的方式拉近与客户的距离,客户的需求不同,偏好不同,由此在网络社区形成不同小圈子或不同类别"社群"。在"社群"逻辑下,每个人都是信息的节点,每个人都是信息的采集器,社群的信息以文本等非结构化数据快速沉淀于互联网金融平台数据库中,通过大数据技术对大量文本数据的分析,一方面快速识别客户的价值观,另一方面针对客户的价值观和需求生产满足客户需求的产品,完成价值互动(value interaction),使得产品与消费者之间的单向关系价值传递,过渡到厂商与消费者的双向价值协同,由此完成价值传递过程。

9.2.4 利用价值网络创新推动商业创新

价值网络能潜在地为企业提供信息、资源、市场、技术,以及通过相互学习实现规模经济和范围经济,并帮助企业实现战略目标,如风险共享、价值活动或组织功能的外包、组织能力的提升等。信息和数据成了不同创造价值的主体之间的价值转移载体。工业时代,企业是在价值链内部通过一系列活动完成价值创造的。互联网和大数据时代,在互联网金融平台上,企业以核心业务具有的数据信息规模经济效应和多变群体效应为资本,以核心业务和用户的协同双向驱动为动力,对衍生业务实施信息数据分流和资源分配,同时推动金融资源企业共同提供对用户的金融服务,并通过大数据深刻洞察用户需求和反馈,建立以数据信息和货币为介质的价值转移体系,完成价值创造和分享活动。互联网金融平台中,用户价值创造与企业价值实现并不是单维度的线性交易过程,而是多个参与者、多条价值链交互作用形成的多维的、网络状的交易。

互联网金融平台成为企业与客户、企业与企业之间知识碰撞、交流和增值的场所,企业、客户交流互动以及交易信息成为数据资源的重要来源,平台企业对"大数据"资源的获得和利用过程也是企业重构外部关系网络和价值网络的过程,故信息数据整合、分享、深度应用有利于价值网络的创新。

9.3 大数据反欺诈

欺诈风险是借款人恶意利用金融规则的漏洞以非法占有为目的,采用虚构事实或者隐瞒事实真相的方法,骗取借款的风险。欺诈风险与信用风险有一定联系,欺诈风险可以引发新的信用风险或增大原有的风险程度,为风险管理带来一定难度。

金融反欺诈是指金融机构通过借助技术手段、改善业务流程等方式,检测、识别并处理欺诈行为,以预防和减少金融欺诈的发生。近年来,随着互联网金融和消费金融的快速发展,同时传统金融机构也不断向线上转移业务,很多平台等在风险管理方面准备不足即开展业务,面临大量的网贷申请欺诈和交易欺诈。

9.3.1 金融机构常见欺诈分类

金融机构常见的欺诈行为可分为以下几大类。

1. 身份欺诈

身份欺诈是指利用虚假的身份信息向金融机构申请贷款。身份造假有以下几种情景：

(1)盗用或冒用他人身份信息，即欺诈分子通过破解网上银行/手机银行账户，采用集码器等获取手机验证码等校验信息，利用账户资金进行非法消费、转账或提现等操作。

(2)盗用银行卡，即非法获取持卡人的银行卡信息，绑定支付账户，或者通过复制银行卡，提取银行卡内资金。

(3)虚假注册，即利用身份信息交易黑色产业链大量收购身份信息，在线注册账户，并利用虚假注册的非本人账户进行骗贷或洗钱，这类成本较低的欺诈方式主要用于攻击风险控制薄弱（如提供身份证即可放款）的借贷平台。

(4)电信诈骗，即通过网络、电话等诈骗方式，诱使客户主动将资金转移到欺诈分子账户。

在身份欺诈中，既有个人实施的单笔骗贷，也有专门的骗贷团伙，专门研究各个金融机构的管理漏洞，利用各种技术手段实施团伙欺诈，例如攻击某个平台，大量盗取用户信息，或通过一台主机同时控制几百部手机或平板电脑进行诈骗。

2. 隐瞒或造假欺诈

隐瞒或造假欺诈是指刻意隐藏不良信息，或征信不达标的个人，在黑中介的协助下，通过各种手段将自己包装成"信用合格"人员，从而顺利获得贷款的欺诈行为。如申请人存在电信、公共事业等各类罚款的欠缴行为，个人资产是法院的执行对象等负面信息，配偶在金融机构有过多次逾期或不良记录等，这些都对贷款申请有影响。

此外，还有欺诈分子通过作弊手段，短时间内大幅提高芝麻分等信用记录，或伪造高学历证明、工作证明、通信信息、银行流水信息等，试图提高信用审核的通过率。

3. 信息不对称欺诈

信息不对称欺诈是指由于信息时滞或其他原因，借款人的借贷信息不对称，隐藏了借款欺诈意图。信息不对称欺诈造成的主要后果是金融机构在审查借款信息过程中获取不到真实的借款人信用情况而做出不合理判断。

申请人本人及其共同借款人是否在新的贷款机构提交了借款申请，是否正在等待贷款机构借款，借贷产品的类型和借贷渠道是否发生了变更等，尤其是从传统金融机构转向风控较为松懈的新型贷款机构申请贷款，或新申请了短期高息贷款，或频繁使用信用卡提现等异常现象，如果出现此类情况，有理由相信，在客户收入保持现有水平的情况下，难以偿还所有这些欠款，这很大程度上能够反映出客户资金紧张或信用状况恶化，需要额外加以关注。

4. 商户欺诈

商户欺诈是指商户与借款人形成套现、套利的勾结关系，骗取金融机构对于特定消费场景的补贴。

9.3.2 大数据解决方案

随着网络和移动通信技术在金融领域的广泛应用，网络欺诈也日益复杂多样，并呈现出多种欺诈手段的复合型欺诈和分工精细的团伙化欺诈趋势。通过大数据技术进行筛选、整合、聚类等处理,针对未来可能产生欺诈行为的异常信息进行判定,为用户做全方位画像,成为金融机构防范欺诈风险和进行信贷决策的重要补充。大数据技术主要从以下几个方面完善反欺诈防控:

1. 控制数据来源与质量

传统的反欺诈分析主要依靠专家经验,数据来源依靠中国人民银行征信数据和金融机构的自有数据,通过设定识别规则、评价指标权重和阈值,形成欺诈分,从而进行欺诈预测分析。因此,反欺诈识别效果与样本量、设定权重方法、经验关系密切,得到的反欺诈模型适用性有限。传统的欺诈分析在互联网信息时代存在诸多弊端,在海量数据背景下,需要筛选有效指标,对欺诈风险做出快速判断并采取有效防控办法,仅靠专家经验不能满足。

大数据技术在优化反欺诈模型过程中,在数据采集方面优越性突出,一是可构建大型分布式数据采集系统,确保数据完备性,满足数据访问速度;二是可构建实时数据采集系统,满足对欺诈活动的实时分析、处理的需求。

2. 提高算法模型的有效性

利用机器学习、知识图谱等技术,可提高算法模型的欺诈识别效果。

(1)反欺诈机器学习模型。反欺诈机器学习模型是指采用数据挖掘方法,基于历史(即已知的欺诈申请和正常申请)而建立的分类模型,通过机器训练且利用海量数据来对借款人进行判断,如图9-1所示。

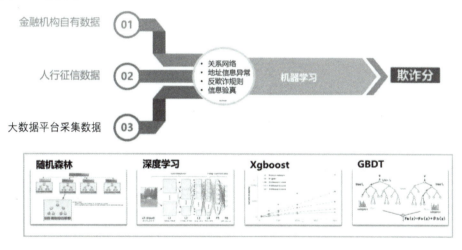

图9-1 反欺诈机器学习模型

反欺诈识别中,机器学习通常运用两种学习方法,即监督学习和无监督学习。监督学习模型,即通过已有的训练样本(即已知数据以及其对应的输出)去训练得到一个最优模型,具有对未知数据进行推测和分类的能力。比如在已知"好"和"坏"标签的前提下,尝试从历史数据中,挖掘出欺诈团伙的典型特征和行为模式,从而在遇到相似的行为时可以分辨是否是欺诈团伙。

监督学习模型虽然在预测准确性上有不错的表现,但是实际情况中,"好"和"坏"的标签往往很难得到。因此,在没有额外信息的时候,就需要通过无监督学习模型进行分析。无监督学习模型在学习时并不知道其分类结果是否正确,也没有告诉它何种学习是正确的,仅提供输入范例,而它会自动从这些范例中找出其潜在类别规则。当学习完毕并经测试后,便可以将之应用到新的案例上。

(2)知识图谱反欺诈分析。基于知识图谱理论方法,结合客户的设备、账户、手机号、交易行为等数据,可建立反欺诈模型。具体流程如下:①构建关联模型。结合应用场景与业务需求,确认知识图谱需要展示的实体、实体间关系及属性,如图9-2所示,构建了21个实体、26种普通关系及28种挖掘关系。②开发知识图谱预警平台。基于异常关联指标,开发知识图谱预警平台,并在预警平台中内置关联规则,实时扫描监测客户风险,如果遇到指标异常,及时向相关人员提示。③计算实体间关联关系的权重,识别实体间的紧密程度。针对已识别出的欺诈团伙建立标签,找出影响力最大的节点,科学量化各实体欺诈关联的影响程度,识别欺诈源头。④上线可视化应用,主要实现关联分析查询、关联路径查询、指标计算查询等。在日常工作中,如果发现疑似欺诈案件,可以通过知识图谱分析平台进行初步的风险甄别与欺诈挖掘,厘清疑似欺诈人员的关联关系,提高工作效率。⑤制定和开发关联指标接口及标准模块,构建知识图谱策略体系,用于贷前审批、贷后管理、业务风险监测等场景识别客户的关系风险。

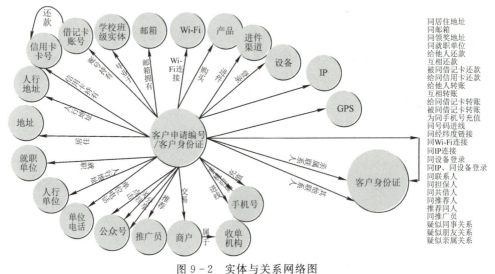

图9-2 实体与关系网络图

课后习题

一、名称解释

互联网金融　第三方支付　众筹　互联网金融门户　欺诈风险　金融反欺诈　身份欺诈　信息不对称欺诈　商户欺诈

二、简述题

1. 简述互联网金融的主要模式。
2. 简述互联网金融的外部性。
3. 简述大数据推动互联网金融商业创新的方式。
4. 简述互联网金融企业的大数据资源整合能力。
5. 简述身份欺诈的主要类型。
6. 简述大数据技术解决金融欺诈的流程。
7. 简述知识图谱反欺诈分析的主要流程。

第10章 大数据在中央银行中的应用

 学习目标

熟悉中央银行职能；
掌握云上央行的特点；
掌握大数据在反洗钱中的应用。

导入案例

大数据时代下的反洗钱利器

黄某等人从X地海域走私大量香烟至A地某县。走私香烟入境后，黄某等人将其运至A地、B地等地，并交由另一涉案人员张某组织销售。同时黄某指使另一涉案人员李某将走私香烟所得款项，通过非法途径汇到李某以虚假身份在S地两家银行开设的系列账户上。

随后李某指使他人从银行账户中分散提现，并将资金交给另一海外洗钱人员"南某"转向黄某等人安排的Z地两家国际贸易公司在Z地的银行账户，以代黄某等人支付走私香烟的海外货款。

隐匿账户在接收到上游账户的资金入账后，相互之间进行多层次的复合交易，用来掩盖资金的真实流向及庞大的资金流量。关键账户多次单向给零散取现账户汇出资金，资金分多笔完成，且单笔金额较小，不受反洗钱系统监控。

警方通过大数据分析，确认整体账户资金情况为洗钱模式，再通过核心账户的删选及资金流量的展示，最后呈现的是整体交易流程中的大资金流量的核心账户情况。

大数据资金分析在众多取证分析方式中使用率极高，专用于资金流向数据解析，可导入交易记录的数据文件，将海量繁杂数据进行归类筛选分析，即可用图形直观地展示分析结果。另外，也可以以数据表格形式列举，如交易金额、交易次数、账户间的交易关系等，找出目标人群，追溯可疑号码的相关数据，且可保存分析结果，形成研判报告，辅助领导进行正确的分析决策。

资料来源：大数据时代下的反洗钱利器[EB/OL].[2019-05-30]. https://www.163.com/dy/article/EGEIOA3L0538197Q.html.

案例思考题：

1. 洗钱犯罪带来的危害有哪些？
2. 如何避免被洗钱犯罪利用？

10.1 中央银行大数据概述

10.1.1 央行职能概述

中央银行的职能是指中央银行应该担负和履行的职责,既是中央银行性质的具体体现,也是中央银行作用发挥的重要依据。概括来讲,中央银行是发行的银行、银行的银行、政府的银行。

1. 发行的银行

发行的银行是指国家赋予中央银行集中与垄断货币发行的特权,中央银行是国家唯一的货币发行机构。

2. 银行的银行

银行的银行是指作为国家的金融管理机构,中央银行在整个金融体系中居于领导地位,与商业银行和其他金融机构进行存、放、汇等业务上的往来。

3. 政府的银行

政府的银行是指中央银行代表国家贯彻执行货币金融政策,代为管理政府财政收支以及为政府提供各种金融服务。

10.1.2 央行应用大数据的主要挑战

当前,央行在应用大数据方面面临着诸多挑战。

1. 扩大数据来源

目前央行的数据来源基本为内部数据或其他金融机构报送的报表数据。机构间尚未建立起统一的标准数据交换通道,也较少和其他行业进行数据共享。要扩大数据源,应制定相应的数据交换标准,促进机构间数据开放,将央行数据来源扩展至其他相关行业和相关机构,打破当前的"数据孤岛"。

2. 提高数据可信度

大数据的来源广泛,部分数据的真实程度和准确性难以得到有效保证,如果不加甄别地全部采纳使用,可能会对最终结果造成"污染"。准确甄别数据真伪,需要在机制上根据数据来源的可靠程度进行标记区分,在方法上加强对数据真伪和有效性的校验,过滤失真数据或虚假数据,从而提供可靠的决策依据。

3. 优化数据应用

央行在数据融合应用方面还处于探索阶段,央行在组织商业银行、清算机构、非银行支付、其他金融机构开展金融数据共享与应用的过程中,需要完善安全合规制度,运用多方安全计算、联邦学习、联盟链等技术,以实现跨层级、跨机构、跨行业数据融合应用,加强金融监管科技应用,提升金融风险防控数字化、智能化水平。

4. 加强数据保护

安全合规是央行推进大数据应用的基础,也是监管金融业大数据建设的重点,需要健全数据安全管理长效机制和防护措施。①保护原始信息,将原始信息脱敏,将关联性较高的敏感信息进行安全隔离、分散存储,控制访问权限;②分级分类管理,综合考量国家安全、公众权益、个人隐私、企业权益等因素,对不同级别的数据分类施策,差异化控制,精细化管理;③规范数据使用行为,严格控制数据应用范围,杜绝误用、滥用,保障数据主体的所有权。

5. 强化技术支撑

央行已建设了数据管理平台和分析监管数据系统,若将其应用于大数据系统,还需要对已有设施做进一步的改造,调整布局。央行应提前布局对前瞻性、基础性的技术研究,优化调整系统架构,推进信息化建设,加快分布式架构应用,提升大数据的服务能力。

10.1.3 央行应用大数据的领域

应用大数据技术,一方面强调数据完整性和多样性,另一方面也关注数据之间的关联关系,具体表现为:一是对全量数据进行实时动态分析,做到以数据驱动分析结果,既可修正现有理论,也可对未来趋势进行预测分析;二是数据量级庞大,一定程度放松了对数据质量的要求,少量劣质数据的存在不会影响最终分析结果;三是大数据方法强调数据关联,通过技术手段发现与系统性风险高度相关的变量,进而实现对系统性风险的检测与预判。因此,大数据技术可广泛应用于宏观审慎评估、宏观经济形势分析、金融监管与风险防范、社会信用体系建设、反洗钱监管、精准服务实体经济等多个领域,全面提升央行履职能力。

1. 提高宏观调控水平

建立金融宏观调控数据体系,提升信贷统计分析效果,加强与政府、商业、互联网等相关数据资源的关联分析和融合利用,建立基于大数据的宏观调控分析模型,为国家宏观经济政策的调整提供依据,提高宏观调控的科学性、预见性和有效性。

2. 强化金融监管效能

建立完善的金融监管体系,使监管部门全面掌握金融机构信息数据,可以及时准确把握和掌握机构行为,降低各类风险发生,高效执行宏观审慎、微观监管政策,助力金融监管部门及时科学决策。建立宏观审慎评估体系,提高宏观审慎管理的效率和质量,量化系统性风险,强化金融风险预警水平,有力防范和化解金融风险,维护金融稳定。

3. 推进社会信用体系建设

充分利用社会各方面信息资源,打破行业间信息孤岛,汇集金融、工商、税务、检察、海关等公共信用数据,整合互联网、电子商务等相关数据,建立多维度、全覆盖的大数据征信平台,为经济高效运行提供全面准确的基础信用信息服务。

4. 提升反洗钱监管能力

优化反洗钱资金监测分析机制,建立国家层面跨行业的反洗钱数据分析平台。通过海量数据分析,发现异常可疑交易线索,初步筛选出有价值的目标,为进一步案件调查做准备。加强反洗钱监管部门之间的信息共享和联动协同,提高对洗钱犯罪行为评估和预测的准确性和及时性,维护社会稳定。

5. 加强金融精准服务能力

积极与发改委、财政、民政、工商、扶贫等部门协调联动,实现数据聚合,降低信息不对称,找准金融服务的支持方向和切入点,为不同层次、不同领域、不同类型的对象提供精准服务。组织推动金融资源向更有效率和急需扶持的产业流动,支持普惠金融、绿色金融发展,更好服务实体经济。

10.2 中央银行大数据平台建设

10.2.1 央行数据分布及数据问题

1. 央行数据分布

目前,央行有100多个自成体系的独立系统,有多个数据中心,其中有32个省级数据中心和32个城市处理中心,每个中心下有多个一级节点或二级节点,如图10-1所示。

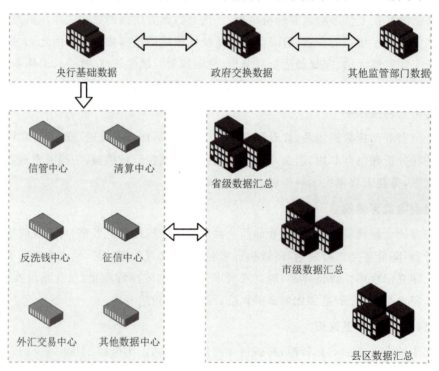

图10-1 央行数据分布图

2. 数据收集、整合、应用存在的问题

(1)数据采集不统一,主要表现在:①没有实现数据一次采集多方共享。目前各个业务数据没有统一的入口,且数据采集通道不畅通。②没有实现开发标准统一、接口统一。各类业务系统没有统一技术标准,存在不同数据接口,采集方式单一。③没有实现流程化数据清洗处理。没有应用新技术来实现规范数据采集流程,没有实现对内、对外和经济、金融数据采集的统一规范交互。

(2)数据资源孤立,主要表现在:①获取的外部信息不全面。暂时没有一个平台可以做到对不同类型机构、不同格式数据报表能通过统一信息、统一明细数据上报和抓取。②内部信息获取碎片化。部门间数据信息碎片化非常严重,数据分散在不同部门、不同科室、不同系统和不同人员的计算机中,各业务数据信息存在条块切割问题,获取效率不高,不利于决策层面的需要。③内、外信息实效滞后分散。央行与被监管金融机构的评估模式主要为系统交互、按需上报、问卷调查、专家评判决策等,数据指标的内外分散、收集时效的滞后、统计信息的缺失将会弱化后续的决策依据。

(3)信息资源不共享,央行与政府、其他监管机构关于金融信息的共享及往来,限于金融联席会议、金融内部网络交互平台、金融统计报表传递、多部门联合金融信息交换等较为有限的渠道,金融机构、单位内设部门、政府机构、监管部门的信息都是以各自独立使用数据库方式留存,在部门之间、上下级之间、经济金融部门之间、业务应用和管理应用之间存在信息不对称,且标准不统一,难以实现信息的有效共享。

10.2.2 央行大数据应用平台设计

1. 总体架构

中央银行大数据平台可以从央行内部各业务系统和外部各金融机构中采集数据,构建底层分布式集群计算环境。综合云计算、分布式和大数据等技术,中央银行大数据平台具体可分为数据交换模块、数据管控模块、数据中心、数据分析应用模块、应用层和系统管理六大部分,如图10-2所示。

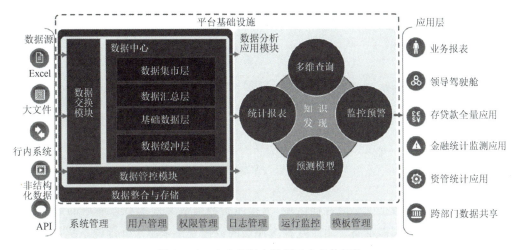

图 10-2 中央银行大数据平台总体架构

(1)数据交换模块承担从各数据源机构接收数据的职能,负责从各种渠道获取数据文件,并加工为统一的文件格式,方便数据入库操作。同时,方便与其他单位和部门共享数据,提供数据的分发和下载功能。

（2）数据管控模块承担了数据标准管理、元数据管理、数据质量管理、数据安全管理的职能。该模块作为数据平台的辅助平台，既保证了数据平台的正常运行，也提高了数据处理的准确性和安全性。

（3）数据中心承担了所有数据的存储、处理、管理等职能。数据中心采用构建数据仓库常用的四层架构，即数据缓冲层、基础数据层、数据汇总层和数据集市层。数据仓库采用分层设计的架构，有效提高了数据的处理和分析效率。

（4）数据分析应用模块提供多种开放式数据应用工具，包括统计报表、多维查询、监控预警和预测模型，基于这些基础应用工具构建各业务处室的数据应用。

（5）应用层基于基础平台工具构建了面向不同业务的分析应用子系统，包括"存贷款全量应用""金融统计监测应用""资管统计应用"等应用模块。

（6）系统管理包括用户管理、权限管理、日志管理、运行监控、模板管理等功能。

2. 数据架构

系统的数据仓库存放着不同粒度级别的业务数据和维度信息，处理加工的方式和流程也不尽相同，因此，央行大数据平台要简化数据的处理流程，实现中间数据的复用。央行大数据平台的数据仓库可采用分层的数据处理和存储架构，如图10-3所示。

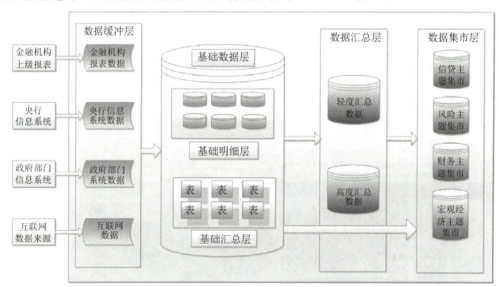

图10-3 中央银行大数据平台数据架构

（1）数据缓冲层是数据的临时存储区域，承担原始数据从文件加载入库后的数据存储，为数据的进一步加工、处理做准备。由于数据缓冲层的数据直接来源于外部源系统，故数据结构设计一般与原系统的数据结构一致。

（2）根据系统数据的特点，基础数据层的数据按照特点分为两部分存储：基础明细层和基础汇总层。基础明细层按照业务事务处理的形式，将数据分业务进行集中存储。基础汇总层对基础明细层的数据进行轻度预处理，如轻度汇总等，以提高后续数据处理和访问的性能。

(3)数据集市层的数据是经过层层加工,最终处理后得出的数据,主要面向某个业务应用。系统主要建立有信贷主题集市、风险主题集市、财务主题集市和宏观经济主题集市等。

3. 处理流程

中央银行大数据平台从内外部多个数据源获得数据后,通过数据采集、转换、整合、计算、存储和分析等一系列处理流程,最终把数据提供给央行领导、部门负责人和一线业务员等各类使用人员。中央银行大数据平台数据处理流程如图10-4所示,包含以下五个步骤:

(1)数据源生成数据文件,通过网络传输给数据交换平台。

(2)数据交换平台将采集的数据文件处理后,生成标准的接口文件。系统通过接口文件加载到数据仓库中。

(3)系统对数据进行转换、整合、计算等操作,在整个过程中,数据平台与数据管控平台进行交互,确保数据处理的完整、准确。

(4)系统将计算完成的指标数据进行汇总处理后存入数据仓库,为分析应用平台提供数据支撑。

(5)对于系统的运行状态、数据处理情况、系统管理等监控信息进行统一管理,为系统管理员提供系统运行监控视图。

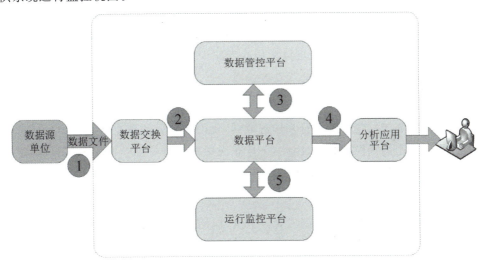

图10-4 中央银行大数据平台数据处理流程

按照上述数据处理流程,各平台之间协作配合,完成数据采集、整理、加工、应用、监控的处理过程,确保了平台对数据全生命周期的统一管理和综合应用。

10.3 大数据脱敏技术

央行支付系统中的业务数据隐含的价值越来越受到重视,在平台建设中,如何安全使用数据,特别是引入平台开发外包商后,如何确保客户隐私不被泄露,已成为亟待思考和解决的问题。数据脱敏技术正是解决上述问题的有效手段,数据脱敏并不一定意味着数据消失或完全失真,它只是重新调整数据,隐藏其中涉及用户隐私的部分,使其不能被解释。

10.3.1 传统脱敏方案

数据脱敏又称数据去隐私化或数据变形,是在给定的规则、策略下对敏感数据进行变换、修改的技术机制。传统的脱敏方案有以下几类。

1. 替换法

替换法是用随机值替换现有数据库中的数据,并与原始数据类型相同。替换后的数据与原数据之间的关联性不强,主要是数据外观保持不变,如用 Ram 取代所有以 R 开头的名字,用张三、李四替换姓名,起到遮掩真实姓名的目的。

2. 混洗法

混洗法也是一种替换方法,区别在于这种替代发生在数据库的行与行之间,就像打扑克洗牌一样,洗掉数据之间的相关性,以消除统计类数据的偏差。相对于替换法,它的优点在于不会生成唯一的随机数,因此相对重复率小。

3. 数值变换

数值变换是指将原始数据按一定比例放大或缩小的方法,对数字或日期类型的字段脱敏效果较好,可以使脱敏后的数据区别于原始数据的同时,保持在特定数值区间。其优点在于只是对数字按照某种百分比进行了调整,因此不会改变原来数据的一些统计特征,同时也完成了对数据的伪装。如对数字类型字段可以增加或者减少 5%,对日期类型字段我们可以增加或者减少 5 天。

4. 密钥算法

密钥算法是指加入一些特殊字符来加密数据,使得脱敏后的数据区别于原始数据。密钥算法通过使用保密密钥来隐藏数据,因此,一旦非法用户获得了加密密钥,他们可以很容易地还原数据。此外,还需要考虑加密算法的效率。

5. 数据剔除

数据剔除是指直接删除敏感数据或者置空值,但用这种方法处理后的数据库一般不适用于系统测试和开发环境。

6. 遮挡

遮挡是指用一些特殊字符(如 X、*)取代数据中的特定敏感部分。这种方法要遮挡的是可能透露用户隐私的部分(如身份证中的生日信息),而不是全部遮挡或者遮挡一些有用的信息,否则数据字段将失去意义。这种方法通常用在信用卡交易或者网上银行中。例如,信用卡号为 5289 7895 6634 0198,遮挡脱敏后为 5289 XXXX XXXX 0198。

10.3.2 传统脱敏方案的缺陷

1. 方法简单,适用性有限

传统脱敏方案在数据量较小时,可以起到遮掩重要信息的作用。但是,当数据量增加到一定级别,传统脱敏方案的弊端就显现出来了。如在海量数据库中,使用随机数的方法来替代原始数值的难度较大,数值变换仅仅用于数值型数据,不能用于其他类型的数据。

2. 脱敏后数据价值降低

脱敏的目的是为了合理地挖掘数据价值,而传统的方法脱敏后数据价值也随之丢失。如经密钥算法处理后,密文毫无意义且可读性差,使用效率低;数据剔除后导致表格逻辑上错误,删除会导致总记录数量的减少,也会降低数据使用价值。

3. 人工操作降低脱敏效果

数据脱敏通常包括脱敏目标确认、脱敏策略制定和数据脱敏实现三个阶段。传统的数据脱敏过程由人工操作实现,确定脱敏目标的过程中由主观判断或专家判断而定,而在海量数据背景下,人工操作容易漏掉不易察觉的重要信息,从而影响脱敏效果。

10.3.3 大数据脱敏分类

大数据技术下的数据脱敏遵循一定原则,即数据脱敏处理后保持原有的数据特征、业务规则和数据关联性,确保脱敏前后数据的一致性与有效性。其目的是在后续利用数据过程中,开发、测试及分析数据时使数据价值不受脱敏影响。大数据脱敏主要分为静态数据脱敏和动态数据脱敏。

1. 静态脱敏

静态脱敏是指脱离生产环境,由生产库抽取脱敏后存储到非生产库,数据生成时已是离线状态,脱敏后分发到测试、开发、分析等不同的场景,在满足业务需求的同时又保障了生产数据的安全。

2. 动态脱敏

动态脱敏是指不脱离生产环境,对敏感数据的查询和调用结果进行实时脱敏,在访问敏感数据的同时进行脱敏,可以为不同角色、不同权限、不同数据类型执行不同的脱敏方案,从而确保返回的数据可用、安全。

10.3.4 大数据脱敏方案

制定大数据脱敏方案前,需要划分脱敏级别。将必须脱敏的字段设为一级敏感信息,如对金融支付信息脱敏时,收款人名称、付款人名称、收款人开户行行号、付款人开户行行号、收款人账号、付款人账号这些信息为一级敏感信息,必须脱敏;对非业务核心信息,可设为二级敏感信息,如金融支付信息中的金额、清算行行号等信息,可根据应用场景决定是否脱敏;对非敏感信息字段,无须脱敏,如业务类型、支付、转账、收款等信息。确定脱敏级别后,脱敏方案与传统方法也有类似之处,具体如下。

1. 无效化

无效化是指对敏感数据进行加密、截断或隐藏。这种方案一般会用特殊符号(如 *)替换真实数据,操作简单,但是用户无法得知原数据的格式,可能会影响后续的数据应用。

2. 随机值

随机值是指对敏感数据进行随机替换(数字替换数字、字母替换字母、文字替换文字)。这种脱敏方式会在一定程度上保证敏感数据的格式,便于后续的数据应用。一些有实际意义的文字脱敏的时候,可能需要脱敏字典的支持,如人名、地名等。

3. 对称加密

对称加密是一种特殊的可逆脱敏方法,通过加密密钥和算法对敏感数据进行加密,密文格式与原始数据在逻辑规则上一致,通过密钥解密可以恢复原始数据,要注意的就是密钥的安全性。

4. 平均值

平均值经常用在统计场景,针对数值型数据,先计算它们的均值,然后使脱敏后的值在均值附近随机分布,从而保持数据的总和不变。

5. 偏移和取整

偏移和取整是指通过随机移位改变数字数据。偏移和取整在保持了数据安全性的同时,保证了范围的大致真实性,比之前几种方案更接近真实数据,在大数据分析场景中意义比较大。

10.4 大数据技术在反洗钱中的应用

10.4.1 反洗钱概述

随着电信诈骗、贪污腐败、非法融资、走私贩毒甚至恐怖活动等犯罪行为的日益猖獗,洗钱已经从一种资金转移手段发展成了一种独立的犯罪行为,对金融机构和国家安全产生了严重的威胁。

1. 洗钱与反洗钱

洗钱是指将犯罪或其他违法行为所获得的违法收入,通过掩饰、隐瞒、转化等手段,使其在形式上合法化的犯罪行为。

反洗钱是指预防通过各种方式掩饰和隐瞒毒品犯罪、黑社会性质的组织犯罪、恐怖活动犯罪、走私犯罪、贪污贿赂犯罪、破坏金融管理秩序犯罪、金融诈骗犯罪等犯罪所得及其收益的来源和性质的洗钱活动的措施。

我国刑法规定,明知是毒品犯罪、黑社会性质的组织犯罪、恐怖活动犯罪、走私犯罪、贪污贿赂犯罪、破坏金融管理秩序犯罪、金融诈骗犯罪所得及其产生的收益,为掩饰、隐瞒其来源和性质,从事下列任何行为都属于洗钱犯罪:①提供资金账户的;②协助将财产转换为现金、金融票据、有价证券的;③通过转账或者其他结算方式协助资金转移的;④协助将资金汇往境外的;⑤以其他方法掩饰、隐瞒犯罪所得及其收益的来源和性质的。

2. 常见洗钱方式

(1)利用金融机构。包括:伪造商业票据;通过证券业和保险业洗钱;用票据开立账户进行洗钱;利用银行存款的国际转移进行洗钱;信贷回收;利用期货、期权洗钱。

(2)通过投资办产业的方式。包括:成立匿名公司,隐瞒公司的真实所有人;向现金密集行业投资;利用假财务公司、律师事务所等机构进行洗钱。

(3) 通过商品交易活动。洗钱者可能会因受到现金交易报告制度的严格限制,在短期内无法方便地将现金转变为银行存款,但大量持有现金对犯罪组织来说是极其危险的。为了达到尽快改变犯罪收入的现金形态的目的,购置贵金属、古玩以及珍贵艺术品,也是洗钱者选择的一种方式。

(4) 利用一些国家和地区对银行账户保密的限制。被称为保密天堂的国家和地区一般具有以下特征:①有严格的银行保密法,除了法律规定"例外"的情况,披露客户的账户信息即构成犯罪;②有宽松的金融监管制度,设立金融机构几乎没有任何限制;③有自由的公司法和严格的公司保密法。这些地方允许建立空壳公司等匿名公司,并且因为公司享有保密的权利,了解这些公司的真实情况非常困难。

(5) 其他洗钱方式,包括走私,以及利用"地下钱庄"和民间借贷转移犯罪所得。

3. 反洗钱必要性

洗钱行为具有严重的社会危害性,它不仅损害了金融体系的安全和金融机构的信誉,而且对我国正常的经济秩序和社会稳定具有极大的破坏作用。

(1) 反洗钱工作是推进国家治理体系和治理能力现代化的必然要求。随着反洗钱工作形势的不断变化,反洗钱监管逐渐从规则为本过渡到风险为本,反洗钱的义务内容已经由反洗钱扩展到反恐怖主义融资、防扩散融资。我国也在不断细化上游洗钱犯罪类型及监管处罚规定,明确对单位和个人的反洗钱要求,规范非金融行业的反洗钱制度。

(2) 反洗钱工作是防控金融风险的必然要求。各种金融乱象是金融风险发生的一个重要诱因,因此,要抓住资金流向才能抓住金融乱象的根本,有效防控金融风险。新时代的反洗钱工作围绕追踪资金向纵深发展,通过构建金融系统预防体系、完善洗钱风险管控制度等,有效追踪资金,防控金融风险。

(3) 反洗钱工作是扩大金融业双向开放、深度参与全球治理的必然要求。目前,国际社会已经建立一套完整的反洗钱标准,涉及领域不断扩展,涉及内容更加复杂,反洗钱标准也成为经济金融领域的重要国际规则。完善我国反洗钱工作制度,有助于推进我国金融业双向开放、深度参与全球治理。

10.4.2 反洗钱图计算平台

反洗钱侦察工作分为两类,一类是根据已知案件进行反查的工作,制定大数据关联追溯技术解决方案;另一类是主动发现异常洗钱,制定异常交易社团发现的解决方案。这两类方案都是利用图计算平台产生特定的网络图,如图10-5所示。

图计算的概念在前面已介绍过,图计算平台与一般大数据平台类似,如图10-5所示,主要由数据存储、数据计算和数据应用系统构成,同时设定了数据应用管理权限。图计算平台的具体内容如下。

1. 图数据库

图数据库是图数据库管理系统的简称,支持对图数据模型的增、删、改、查。底层图存储分为原生和非原生,有为存储原生图而设计的系统,如 Neo4j,也有些图数据库将图序列化后存

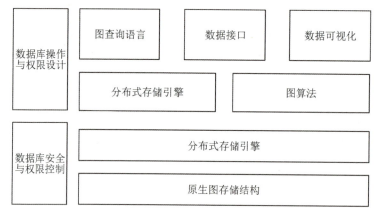

图 10-5　反洗钱图计算平台设计

储到其他数据库中。

2. 图计算分类

(1) 单机内存图处理系统。此类图计算系统单机运行,可直接将图加载到内存中进行计算,但受到计算能力和内存的限制,只能解决小规模图计算问题,如 GraphMat。

(2) 分布式内存图处理系统。此类图计算系统将图数据全部加载到集群的内存中计算,处理图数据的能力随着集群规模的扩大而扩大。但是,由于分布式系统对图分割较明显,再加上集群网络总带宽的制约,所以图计算能力与规模存在一定缺陷,如 Pregel。

3. 图计算应用场景

(1) 社交网络。社交网络是图计算经典应用场景之一,可以轻松处理庞大的社交关系,构建复杂的社交网络,在反欺诈分析中应用广泛。

(2) 知识图谱。图计算支持各领域知识图谱的快速构建,存储海量知识,提供毫秒级查询响应。

(3) 网络安全。图计算借助图的互联互通,在图上进行探索分析,找出网络环境中未被发现的不安全因素。如木马病毒常使用若干域名进行恶意通信和控制,在已经发现若干不安全域名的情况下,可通过域名和服务器 IP 的关联关系,由对应的 IP 快速找出新的有问题的域名。

10.4.3　大数据关联追溯智能反洗钱技术

转账交易数量巨大,每天可能涉及千万笔业务,仅靠传统数据库遍历查询耗时较长,且不能满足实时分析需求。此外,仅仅得到涉案卡号相关的交易可能会遗漏重要的信息,因此,有必要深入挖掘更多关联信息,筛选重点可疑账号、核心交易结构以及关键资金路径等,全方位打击犯罪团伙。利用大数据技术实现智能反洗钱的具体步骤如下。

1. 构建关联交易库

传统的反洗钱模型是一段时间内对客户交易行为进行分析,对大额交易、外币交易查询速度较慢。在信息技术发达的互联网时代,完成一笔交易,从参与者来看,有发卡机构、互联网支付机构、电信运营商、收单机构、持卡人、商户、外包服务机构等,支付流程的碎片化导致了交易信息和客户身份信息的分割。发卡机构包括全国性商业银行、股份制商业银行、城商行、农商行、农信社、村镇银行等不同性质的银行,持卡人和商户数量更是数不胜数,因此,客户的身份信息和交易信息被分散保存在不同机构中。

在建立以数据为中心的反洗钱模型的过程中,可以以大数据技术为基础,建立海量关联交易数据库,包括数据的收集、整理、加工、储存、应用,从而挖掘不同主题数据的关联信息。

2. 寻找关键转账枢纽节点

(1) 聚类分析。可以从以下几个方面进行聚类分析,寻找枢纽节点:①从物理地址上识别关联用户,如从同一 IP 地址、移动终端(手机终端、iPad 终端)、电脑终端、网站 ID 等用户入口识别关联账号;②从交易末端账号对应的银行卡号往前追踪,从而识别关联客户;③利用用户入口和终端银行账户交叉验证识别同一用户或用户群,发现关联交易。

(2) 社会网络分析。可利用社会网络分析网络图中各个节点的信息度量,用于挖掘账号之间的关联信息。常用的社会网络分析指标有中心性、紧密中心性、介数中心度以及特征向量中心性等。图 10-6 刻画了四种反洗钱网络中的节点。

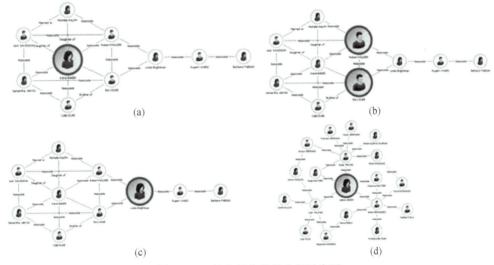

图 10-6　社会网络指标分析示意图

图 10-6(a)中,标记的节点是网络中的中心性最高的账号,表明它在网络中和其他节点的连接是最多的,可能是转账交易中最活跃的节点。图 10-6(b)中,两个标记节点能够最好地和网络中其他绝大部分账号成员进行信息传递,具有最大的紧密中心性,很可能是在网络中负责交易中转的节点。图 10-6(c)中,标记节点是左右两部分交易网络中介数最大的一个,很有可能是这两个子交易网络之间的桥梁。图 10-6(d)中,标记节点具有最高的特征向量中心性,与最活跃的几个账号节点都有最直接的联系,因此能够更好地对这些活跃节点产生影响。

3. 挖掘核心交易结构

寻找反洗钱核心交易是一项重要工作,可通过以下三种方法实现:①使用 K 核心算法实现重点子网络分析技术,确定在一个网络内紧密相连的群体。K 核心算法是为了在已有图中找到能代表原图节点和边的最大属性子图,如图 10-7 所示,子图 10-7(d)代表了图 10-7(a)的最大属性,称之为 K 阶核心。在反洗钱实践中,节点可以代表账户,边可以代表转账金额,故通过 K 核心算法可以找到转账洗钱的核心交易结构。②通过 Kruskal 等最小生成树算法,发现网络图中保持图连通的最少的代表性的边,从而得到最核心的交易结构等。③通过一些特定的社团发现算法也能够进行社团划分,划分社团后再通过上述的社会网络指标进行权重得分计算,高得分社团可能涉及核心交易等。

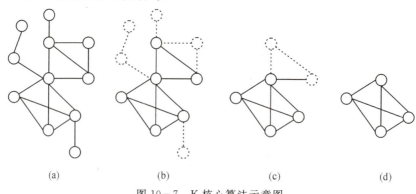

图 10-7 K 核心算法示意图

4. 分析核心资金流向路径

在反洗钱过程中,核心资金流向路径分析可以用来研究个体、群体之间的联系。例如,利用最短路径算法,如 Dijkstra、Floyd-Warshall、Bellman-Ford、SPFA 和 DAG 算法等来寻找洗钱个体之间最直接的中介等。同时,还可以采用实现异常路径识别算法,即合法的经济体为了正常的业务需要,资金转移一般都会遵循成本最低和时间最短的原则。此外,通过最小生成树等算法也能够在一定程度上直接得到重要的核心交易路线。

通过以上方法,再对整个案件中涉及的转账、取现、查询等多种事件进行综合考虑,就能全局性地掌握案件动向,甚至可以进行一些串并案的关联分析。

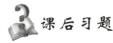 课后习题

一、名词解释

中央银行的职能　发行的银行　银行的银行　政府的银行　数据脱敏　替换法　数值变换　密钥算法　数据剔除　静态脱敏　动态脱敏　反洗钱　图数据库

二、简述题

1. 简述央行构建大数据平台的数据来源。
2. 简述云上央行的总体架构。
3. 简述中央银行大数据平台的数据架构。
4. 简述中央银行大数据平台业务处理流程。
5. 简述传统脱敏技术的缺陷。
6. 简述大数据脱敏分类。

7. 简述大数据脱敏典型方案。
8. 简述常见的洗钱犯罪方式。
9. 简述反洗钱的必要性。
10. 简述反洗钱的图计算平台。
11. 简述大数据关联追溯智能反洗钱的步骤。

第 11 章 大数据征信

 学习目标

掌握个人大数据征信评价方法；
掌握企业大数据征信评价方法。

导入案例

浙江温州大数据平台探索"信用＋" 信用好否上网查

"之前为了建设工厂和购买设备，已经投入了所有积蓄，跟亲友都借了个遍，这 5 万元缺口差点成了跨不过去的坎。"这几日，温州平阳县鳌江镇河滨村村民林某在鹿城农商银行的富民融通平台办理了无抵押贷款，只用身份证、户口簿、银行卡就完成了申请。看着 5 万元资金打进账户的短信提醒，这名在外学成回乡办实业的年轻人欣喜若狂。

如此便利地享受金融服务，得益于全省首个信用平台——温州市信用信息综合服务平台。这个平台实现了市、县及部门间数据共享，网上一查便可知晓个人信用及其他公共信息，让贷款发放需要的材料更少，耗费时间更短，解决了很多"短频快"的资金需求问题。

近些年来，温州把守信激励机制创新作为创建全国信用示范城市的重要内容，探索出了"信用＋平台""信用＋金改""信用＋农村""信用＋监管"等"信用＋"模式，实现温州城市信用形象和市场主体信用意识的"双提升"。在 2018 中国城市信用建设高峰论坛上，温州就作为"守信激励创新奖"获奖城市代表受邀在大会上发言。

这座城市为何视诚信如生命？"在温州的发展史中，诚信无疑有着深刻的含义，在无数次风雨洗礼和烈火淬炼中，'信用温州'成了这里的'金名片'。"温州市信用办负责人说，曾经的杭州武林门火烧温州劣质皮鞋、个别资金链断裂的企业家"跑路"等事件让温州人更了解，信用与一个城市的命运紧紧相连。

如何重塑信用体系？温州市信用办负责人表示，当社会各主体诚实守信的内生动力尚未形成之前，其行为自觉、价值取向和主动实践更多依靠外部激励来实现。对此，早在 2006 年，温州建成全省首个信用平台，并逐步将信用信息覆盖面向政府和个人推开。目前，该平台已在 64 个市级单位、11 个县(市、区)和各级审批中心、民间借贷中心及"信用温州"网站开放信用信息"一站式"查询。目前该平台累计查询量超百万人次，为信用建设创新模式打下了基础。

如今，诚信已经在潜移默化中深入人心。第三方评估调查显示，温州在意自身信用评级的法人代表比例达到 94%，在意自身信用评分的个人比例达到 91%。在温州，只要打开"信用温州"平台，不仅能查到企业、个人、政府机关、事业单位、社会组织的信用信息，还公布了大量守信激励、失信惩戒的案例和名单。

在信用大数据平台的基础上,温州继续不断探索,以金融领域信用建设为突破口,创建"信用＋金改"监管模式;探索"信用＋农村",推出农民资产受托代管方式融资业务;出台"信用＋奖惩",构筑新型市场监管体系。

资料来源:浙江温州大数据平台探索"信用＋"信用好否上网查[EB/OL].(2018-07-10)[2022-01-27].https://credit.hd.gov.cn/shxytxjs/shcx/201807/t20180710_808.html.

案例思考题

1. 简述信用大数据平台应用场景。
2. 简述城市构建信用平台的好处。

11.1 大数据征信概述

11.1.1 大数据征信的概念

征信是指依法收集、整理、保存、加工自然人、法人及其他组织的信用信息,并对外提供信用报告、信用评估、信用信息咨询等服务,帮助客户判断、控制信用风险,进行信用管理的活动。信用是金融的核心,征信体系是现代金融体系运行的基石。传统征信的数据主要来自银行、证券、社保等金融机构,这些数据基本完整,主要用于资产评估和信用评级。

大数据征信指利用大数据信息平台,采集用户的互联网行为、社交数据、消费数据、特定场景下的行为等数据,通过洗选、脱密等技术处理,运用信用评估模型,形成用户的信用评价,如图11-1所示。

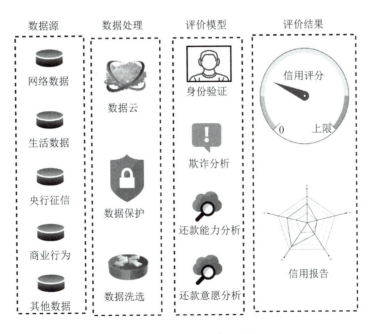

图 11-1 大数据征信的内涵

数据是大数据征信的基础和核心,各环节都离不开数据,与数据相关的技术(批处理技术、数据挖掘技术、数据库技术)推动了大数据征信行业的快速发展。大数据技术可以大幅度提高信息处理的能力、拓展信息来源、扩大信息内容的维度以及丰富征信应用的场景。大数据征信有以下特点:

(1)数据信息来源广。征信机构除了从传统的信用数据库获得信息外,还会通过信息主体的非金融信息深度挖掘信用价值。随着互联网的发展,征信机构也运用大数据技术抓取、处理、分析消费者上网等非结构化数据。

(2)数据信息内容多维度。大数据技术处理数据能力强大,并能将数据和数据之间的关系清楚地呈现出来。通过大数据技术延展更多维度,可增强数据的表现能力,从而对传统征信系统中因没有发生过信贷行为而没有信用记录的人们进行评估,使其得到征信服务。

(3)大数据征信应用领域广。大数据征信不仅服务金融机构、政府部门,还向社会各个领域延伸。

11.1.2 大数据征信存在的问题

1. 信息孤岛现象普遍

国家关于社会信用体系建设的总体规划,要求地区、部门、行业分别开展信用体系建设工作,导致信用信息没有实现彼此沟通,形成了信息数据孤岛,导致全国各个地区、各个部门、各个行业都存在着低水平、低层次的重复问题。如中国人民银行有企业和个人信用信息数据库,国家税务总局有纳税信用等级评定办法,住建部有建筑行业企业和人员信息等,这些机构之间的信息没有实现共享;而且部委、地方政府、各大互联网企业之间,也没有实现数据共享,形成了信息孤岛。

2. 信用相关法律法规薄弱

我国对于信用相关的法律条款散落于《中华人民共和国民法典》《中华人民共和国公司法》等法律中,对征信行业依法监管,有《征信业管理条例》和《征信机构管理办法》两部法规。信息技术的快速发展促使征信行业产生更多需求,衍生出越来越多的问题,而这些问题没有对应的法律法规来解决。如大数据征信的采集、处理、共享等环节,并没有明确的法律法规来确立界限,因此,需要建立一套法律法规体系来规范大数据征信的相关行为。

3. 信用人才缺乏

与传统征信行业相比,大数据征信涉及的领域更新、更广,因此对人才的要求更高。大数据征信人才应该具有一定的商业经验,同时还应熟悉数理统计、数据挖掘等技术,这种懂数学、计算机、金融的复合型人才,在全球都较为缺乏。

4. 市场监督机制匮乏

中国人民银行在2003年就成立了征信管理局来对征信市场进行管理,但是由于征信市场的参与者众多,央行无法对金融市场外的参与者进行监督,而其他部委和地方政府对征信市场的监督明显不足,无法适应快速发展的市场需求,难以对我国征信市场中国内外机构形成有效的监管。

11.2 企业大数据信用评价

11.2.1 构建企业大数据信用体系

传统企业征信数据内容通常包括企业的注册信息、财务报表、公共记录、雇员情况、进出口情况、银行往来情况、付款记录、经营者简历、企业发展史、经营状况、产品介绍以及相关的市场宏观经济状况和行业发展状况等。这些数据资料大多是静态数据,而且是由企业自主提供的,可以分析企业历史信用状况,而利用大数据技术可以扩展企业信用体系,具体可从以下几个方面构建。

1. 企业成长信息及基本信息

从企业成立到成长过程中,会出现股东、股权、对外投资、管理层等的信息变更。企业的成长信息是识别关联企业,寻找潜在风险的重要信息,也可以从一定程度上反映企业的发展前景。企业的业务范围往往受市场变化的影响而调整,因而经营范围在行业分类上具有一定的模糊性,尤其在一定的宏观背景下,企业在一些特定行业集中分布,具有较强的行业集中度。

我国经济发展存在一定的地域性,具有差异化特性、指向性的产业布局导向,以及产业发展政策导向,因而企业分布也存在优势地区集中分布的特征,即具备了明显的地域集群特色。不同区域内的企业,其发展水平、产业特点表现出差异化的特征。

2. 企业经营活动

传统财务分析从企业日均流动资金、日均存货、应收账款、经营成本等财务数据角度分析企业在扩大生产、加强创新等发展过程中的营运能力及生产能力。大数据背景下,可将企业与同性质、同行业、同规模企业财务数据进行聚类分析,筛选出优质企业,尤其对成长型企业进行分析尤为重要。

3. 企业竞争力

创新能力是企业活力的重要部分,也是企业竞争力的重要组成部分。创新受研发资金投入的影响,反过来,创新能力也会影响企业成长能力、还款能力和还款意愿。对于一般企业而言,受到规模、资金、人力资本相对不足的影响,其新产品、新技术的创新程度相对也较弱,因而研发与创新投入也较少。国家及各省市政府已出台大量的激励性措施,其中不乏政策性补贴,这也为提高企业市场竞争力提供了良好的条件,为企业发展和扩张奠定了基础,这也可以构成企业征信信息的参考内容。

4. 企业社会关联性

企业是我国市场经济的重要组成部分,其存在和发展受到社会多方面因素影响,并通过相互参股、担保、交叉任职等方式,与其他企业产生交互作用。同时,企业通过微博、微信以及行业认证等方式,以网络传播为媒介形成广泛的社会联系与认同。

企业的社会贡献反映了其社会关联性。其中,就业问题始终是维护社会稳定的重要因素,也受到社会各界的关注和讨论。保证就业岗位是稳定就业的重要措施,企业是我国劳动力就业的最大载体,是稳就业的重中之重,因此社会评价也是企业征信信息的重要组成部分。

11.2.2 企业征信数据来源

1. 政府门户网站的企业征信数据

政府门户网站上的信用信息是公务信息的一部分,产生于政府执行公务或对企业实施监管的工作过程之中。根据企业征信机构的经验,很多政府部门掌握了大量的企业信用信息,如工商行政管理局、税务局、中国人民银行、海关总署、统计局、法院、国资委、商务部、邮政局等。

(1)工商行政管理局。工商行政管理局掌握着企业基本信息、企业财务信息和行政处罚信息。工商行政管理局掌握的信用信息是有条件的开放,其中企业登记注册的信息是基本对外开放的。工商行政管理局在很多省(区、市)开通了红盾网,使用者可以免费在网上查询当地企业的登记注册信息。

(2)统计局。统计局定期形成的各种统计报表和经济普查报告,其中就包括企业的财务报表。但是,统计局掌握的信用信息还没有全部对外开放,还无法从这个信息源中得到单个企业的信用信息。

(3)海关。海关掌握着企业从事进出口活动的相关信息,海关的统计部门和信息中心会定期形成报关单和各种进出口统计报表,主要内容包括进出口的产品名称、货品数量、产地、发货地、到达地、交易对象、交易时间等。此外,海关还会形成季度和年度进出口统计和分析报告。

(4)中国人民银行。中国人民银行征信中心负责国家金融基础信息数据库的建设管理工作,已经建立了公共的企业征信系统和个人征信系统,各类正规金融机构掌握的企业及个人信贷信息已经被汇集到这两个系统中。商业银行等金融机构经企业、个人授权同意后,在审核信贷业务申请以及对已发放信贷进行贷后风险管理的情况下,可提供企业、个人征信报告。

(5)其他部门。国有资产管理委员会拥有国有企业的资产、隶属、经理人员、并购、政策等资料。外汇管理局掌握着所管辖有外贸经营权企业从事外汇交易活动的外汇交易额、进出口货物情况、结汇情况、应收账款情况等。房屋管理局主管房地产登记管理工作,确认房屋权属,办理房屋所有权登记和初始登记、转移、变更、注销及设定他项权登记。公安局车辆管理所掌握着所管辖区域内所有机动车所有权登记信息。

此外,还有些政府部门会定期公布诸如破产、抵押品置留权、动产抵押申请、民事诉讼、经济仲裁等信息。

2. 非官方的企业信用信息

非官方的企业信用信息,是指政府公务信息之外的企业信用信息,特别指非商业化的企业信用信息。非官方的企业信用信息的主要来源是商业银行、行会商会、公用事业单位、电信公司、企业的供应商、各类房东、租赁公司和新闻媒体等。虽然这些信用信息是庞杂的,但是经过企业征信机构的筛选和处理,有些信用信息是可以利用的,能够成为企业征信数据。

商业银行拥有大量的企业信用信息,如企业开户信息、贷款、担保和还款记录等信息,资金流入和流出量及去向方面的信息。长期以来,商业银行是最重要的民间信用信息来源,对于那些没有公共征信系统的国家更是如此。

公用事业单位产生了大量的用户付费信息,这对于了解和评价其用户的信用行为和财务能力是非常有用的。所谓的公用事业单位,主要包括电力公司、自来水公司、电话公司、煤气公司、供暖公司等。如果一个企业长期拖欠公用事业单位的费用,那么企业征信机构将视其的欠费额度大小,给予欠费企业不良信用记录。

各行各业的行业协会或商会都有着自己行业情况的信息积累,如业内主流机构、行业发展和从业人员变化等信息。行业协会掌握的信息与业内机构共享的,面向会员企业服务。很多行业协会都负责编纂本行业的年鉴,有采集年鉴所需信息的渠道,这些信息渠道对企业征信机构是有价值的,如《中国电子信息产业统计年鉴》《中国汽车工业年鉴》《中国金融年鉴》等。年鉴对行业在过去一年的发展情况、产品情况、技术水平、企业发展情况、盈利水平、发展趋势、大事记等做了详细的记录和说明,具有较高的参考价值。

报纸、杂志、广播、电视、网络等公众传媒上,也有大量的信用信息在传导,从中可以筛选出一些有用的信用信息。大量网站会对行业和企业的经济活动给予动态报道,这些都是企业征信机构的重要信息来源。

11.2.3 企业大数据信用评价模型

1. 指标选择

表 11-1 从股权结构、融资信息、司法信息、创新能力、金融化指数、市场情绪、市场环境角度建立企业大数据信用指标。

表 11-1 企业大数据信用评价指标

一级指标	二级指标	数据来源	构建方法
股权结构	国有资本比例	国家企业信用信息公示系统	百分比
	知名企业资本比例	国家企业信用信息公示系统	百分比
	知名私募资本比例	国家企业信用信息公示系统	百分比
融资信息	融资阶段	企查查、启信宝、天眼查等网站	A/B/C
	融资规模	企查查、启信宝、天眼查等网站	融资金额
司法信息	行政处罚	国家企业信用信息公示系统	定性分析
	司法案件	中国执行信息公开网	定性分析
创新能力	专利	国家知识产权局	数量
	资质认证	主管部门网站	逻辑函数
金融化指数	金融牌照	中国人民银行、银保监会、证监会	逻辑函数
市场情绪	企业热度	百度	云图分析
	企业评价	互联网媒体	云图分析
市场环境	创新城市	相关研究报告	指数
	普惠金融	相关研究报告	指数

2. 权重确定

(1)层次分析法。层次分析法是一种定性和定量的计算权重的研究方法,采用两两比较的方法建立矩阵,利用了数字大小的相对性,即数字越大越重要权重会越高的原理,最终计算得到每个因素的重要性,适用于有多个层次的综合评价。

(2)优序图法。优序图法同样是利用了数字大小的相对性,数据上为专家针对各个指标进行分析。优序图法会对指标先进行平均值计算,然后对两两指标进行比较,若指标 A 比指标 B 重要,则 A 得 1 分;若同等重要,则 A 得 0.5 分;若指标 B 比指标 A 重要,则 A 得 0 分。优序图法计算简单,容易操作,适合有较多指标时使用。

(3)熵值法。熵值法属于一种客观赋值法,其利用数据携带的信息量大小计算权重,得到较为客观的指标权重。熵值是不确定性的一种度量,熵越小,数据携带的信息量越大,权重越大;相反,熵越大,信息量越小,权重越小。熵值法广泛应用于各个领域,对于普通问卷数据(截面数据)或面板数据均适用。在实际研究中,熵值法通常情况下是与其他权重计算方法配合使用,如先进行因子或主成分分析得到因子或主成分的权重,即得到高维度的权重,然后再使用熵值法进行计算,得到具体各项的权重。

(4)CRITIC 权重。CRITIC(criteria importance though intercriteria correlation,CRITIC)权重法是一种客观赋权法。其思想在于使用两项指标,即对比强度和冲突性指标。对比强度使用标准差进行表示,如果数据标准差越大,说明波动越大,权重会越高;冲突性使用相关系数进行表示,如果指标之间的相关系数值越大,说明冲突性越小,那么其权重也就越低。权重计算时,对比强度与冲突性指标相乘,并且进行归一化处理,即得到最终的权重。

CRITIC 权重综合考虑了数据波动情况和指标间的相关性,因此,CRITIC 权重法适用于这样一类数据,即数据稳定性可视作一种信息,并且分析的指标或因素之间有着一定的关联关系。比如医院里面的指标:出院人数、入出院诊断符合率、治疗有效率、平均床位使用率、病床周转次数等 5 个指标,此 5 个指标的稳定性是一种信息,而且此 5 个指标之间本身就可能有着相关性。因此,CRITIC 权重法刚好利用数据的波动性(对比强度)和相关性(冲突性)进行权重计算。

(5)独立性权重。独立性权重是一种仅考虑指标相关性的权重计算方法,其思想在于利用指标之间的共线性强弱来确定权重。它适合指标间本身带有一定的相关性的数据。

(6)信息量权重。信息量权重是一种仅考虑指标变异程度的权重计算方法,变异系数越大,说明其携带的信息越大,因此权重也会越大。

用电数据帮助信用评级中小微企业享受增值服务

11.3 个人大数据信用评价

11.3.1 构建个人大数据征信体系

个人征信体系是由详细记录个人信贷记录的征信系统以及与个人征信有关的组织机构、法律制度、市场监管、征信服务等共同构成的一个体系。完善的个人大数据征信体系应包括以下几个方面。

1. 征信相关法律体系

个人征信数据如何采集、如何使用、如何管理,以及个人隐私如何保护,征信机构的管理,征信业的监管等都需要法律保驾护航。因此,要建立完善的个人征信体系,首先要建立法律法规制度,确保征信活动能够有法可依。

2. 个人征信登记体系

数据是征信的基础,明确哪些数据可以纳入数据采集范围,以准确、全面反映个人信用情况至关重要。所以,要建立个人征信登记体系。

3. 征信机构体系

征信机构具有对个人信用信息进行收集、加工、处理和传递的功能,在风险管理方面具有重要作用。所以,要严格按照行业标准,发展信用中介服务机构。

4. 信用评价体系

收集处理后的信用数据,最终提供给客户的是简单易懂的信用产品(如个人信用报告),而不是相互间没有关联的原始数据。

5. 征信监督管理体系

有效的监管对个人信用经济的发展具有积极的影响,征信监督管理体系的主要参与者由中国人民银行征信中心、政府相关部门、市场化的征信机构和为消费者提供征信产品的电子商务企业等部门组成,只有有了完善的法律制度和监管机制做保障,在信用经济中这些部门才能扮演好自己的角色。

11.3.2 个人征信数据来源

互联网拓展了社交活动,使个人数据来源更加丰富,如图11-2所示,个人在各类身份认证、网页浏览、在线消费、出行安排等活动中留下了大量痕迹。

大数据征信数据使用比较多的主要有个人身份信息(个人基本信息、教育学历信息、驾驶证信息)、个人消费信息(常用地址、兴趣爱好、电商注册行为)、银行持卡人数据(POS交易信息、账单信息、支付信息)、互联网用户信息(App浏览数据、Web浏览数据、地理位置信息)、司法数据(裁判文书信息、履约被执行信息、失信行为信息)、航旅信息(出行频率、票务信息、出行轨迹)等,但掌握这些信息的企业基本属于行业内的巨头。

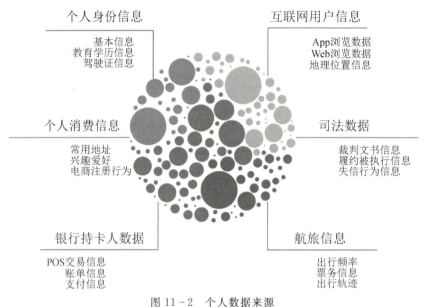

图 11-2 个人数据来源

11.3.3 个人征信评分

随着时代的发展和技术的进步,信用评估方法也在不断地演化,一般来说,个人征信评分可以分为定性分析、统计分析和大数据分析三个阶段。传统征信时代,通常使用的是定性评估方法,即评估专家根据丰富的评估经验,对征信对象从道德、资本、抵押担保、收入条件、能力这几个方面进行信用评估。常见的个人征信评分统计方法有判别分析、回归分析、分类树、最近邻法等。随着大数据技术的发展,信用数据来源扩大,有价值的信息转瞬即逝,传统的定性评估、统计分析等方法已不能满足大数据时代的信用评价需求。本书从以下几个方面介绍个人征信大数据的评分思路。

1. 客户分组模型

客户分组模型是将总体样本进行分组,然后再对分组后每个客群单独构建信用评分的模型。如图 11-3 所示,在第一阶段构建分组模型,如聚类、分类、决策树等方法,可以是无监督分类,也可以是有监督分类。第一阶段分组后,到第二阶段按各组的特征选取适合的指标与方法进行评分。

2. 信用大数据的特征工程

随着个人可获数据的来源多元化,个人数据的价值密度也逐渐降低,特征工程就是指从低价值密度的高维特征中提取对个人信用评估有效的关键指标的过程。从多种渠道所获的各类数据中,常常有许多原始特征是无实际含义的,不能代表个人信用的关键信息。在处理个人信用数据的过程中,结合个人违约特征,特征工程用到的方法有:

(1) 基于统计指标。个人信用指标往往具有同质性,可根据指标数据的趋势和离散程度进行处理,如对于部分缺失数据进行插补,或者通过比率法的方式构建新指标替代原有指标。

(2) 基于数据的排序或计数。基于数据的排序或计数是指客户的违约率与某一指标的数

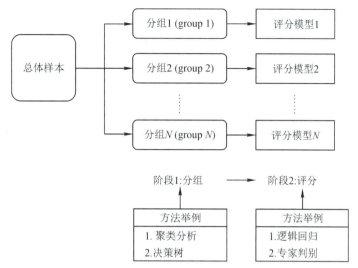

图 11-3 客户分组模型

量或排序方式有关,如客户的违约率与保人数量或共同借款人数量成反比例关系,可以按照保人数量或者共同借款人数量构建不同数量特征指标。

(3)基于指标含义。部分指标之间具有业务相关性,可根据相关特征,基于业务逻辑构建新的特征指标。

(4)基于交叉项特性。对于部分数值型特征指标,可根据含义和相关关系,选择代数运算构建新的指标值。

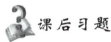课后习题

一、名词解释

征信　大数据征信　层次分析法　优序图法　熵值法　CRITIC权重法　独立性权重　信息量权重　客户分组

二、简述题

1.简述构建企业征信评价体系的数据来源。
2.简述构建企业大数据信用体系的主要内容。
3.简述如何构建企业大数据信用评价模型。
4.简述构建个人征信评价体系的数据来源。
5.简述个人征信客户分组法。

第 12 章　大数据与金融信息安全

学习目标

熟悉大数据给金融信息安全带来的隐患；
掌握金融大数据信息安全策略。

导入案例

非法买卖银行卡，祸人祸己祸无穷

一、买卖银行卡是违法行为，可能涉嫌犯罪

《中华人民共和国刑法》第 177 条规定，非法持有他人信用卡，数量较大的；使用虚假的身份证明骗领信用卡的；出售、购买、为他人提供伪造的信用卡或以虚假的身份证明骗领的信用卡的，涉嫌妨害信用卡管理罪。

最高人民法院、最高人民检察院 2019 年联合发布的《关于办理非法利用信息网络、帮助信息网络犯罪活动等刑事案件适用法律若干问题的解释》明确规定，出售、出租、出借银行卡或支付账户为犯罪分子利用信息网络实施犯罪提供帮助，可能以涉嫌帮助信息网络犯罪活动罪追究责任。若情节严重，如为三个以上对象提供帮助的、支付结算金额 20 万元以上的、违法所得 1 万元以上的等，可处三年以下有期徒刑或者拘役，并处或者单处罚金。

2021 年 11 月下旬，娄底、涟源两级公安机关抽调警力组成专案组，经过近 5 个月的缜密侦查，成功破获一起特大电信诈骗专案，打掉一个专门从事收购贩卖银行卡，帮助实施信息网络犯罪的团伙，捣毁境外电诈窝点 2 个，刑事拘留犯罪嫌疑人 72 人，涉案金额 3400 余万元，关联在逃涉案人员 60 人，查破涉诈骗、偷渡、帮信等案件 300 余起。

二、网上买卖银行卡的主要方式

目前，网上买卖银行卡的"来路"和"去向"形式不一，主要通过 QQ、微信群、网上商城等发布相关"广告"信息，范围涉及银行卡、身份证、网盾、手机卡、开户资料等。不管以什么样的方式进行买卖，这些行为都违法违规。

三、买卖银行卡的主要危害

目前，我国的银行卡属于实名制，卡内存储了很多个人信息，如果贪图小便宜出售自己名下的银行卡，一方面有可能被"回收人"用于洗钱、电信网络诈骗、逃税和跨境网络赌博等行为，严重侵害金融消费者的合法权益，扰乱公平诚信的社会环境；另一方面会给自己带来巨大的法律风险，甚至承担刑事责任，而且可能会面临 5 年内暂停其银行账户非柜面业务、支付账户所有业务，且不得新开立账户等惩戒措施，导致个人信用受损。

四、使用银行卡时的注意事项

持卡人在使用银行卡过程中应特别注意以下几点:一是妥善保管好自己的身份证、银行卡、网银 U 盾等账户存取工具,保护好登录账号和密码等个人信息,对于废弃不用的银行卡,应及时办理销户业务,并将卡片磁条毁损,不随意丢弃;二是不出租、出借、出售个人银行卡、身份证和网银 U 盾等账户存取工具,以免造成更大的经济损失,并承担法律责任;三是持卡人一旦发现买卖银行卡的犯罪行为,应及时向公安机关举报,配合公安机关或发卡银行做好调查取证工作,共同维护公平诚信的良好社会秩序。

国家对出租、出售、出借银行卡或支付账户的惩戒措施极为严厉,对个人的影响非常深远。请广大群众一定要珍惜自己的信用卡,不为了蝇头小利而被骗子利用,葬送了自己的大好前程。

资料来源:非法买卖银行卡,祸人祸己祸无穷[EB/OL].[2022-04-14]. https://baijiahao.baidu.com/s?id=1730072944668738301O&wfr=spider&for=pc.

案例思考题:

1. 如何防范个人金融风险?
2. 简述金融信息安全稳定的重要性。

12.1 金融信息安全现状

维护金融安全是治国理政的大事,也涉及社会各主体的切身利益,因此,维护金融安全、防范金融风险的重要性不言而喻。当今时代,随着互联网信息技术的发展,影响、制约金融活动的因素趋于复杂,传统金融分析手段已难以适应这样的发展,大数据技术介入金融信息安全恰逢其时。借助大数据分析来维护金融信息安全,既是金融领域的迫切期待,也是大数据理论与实践发展的内在需要。

12.1.1 大数据威胁金融信息安全

大数据分析技术可以挖掘金融市场信息价值,但是,当这种技术应用逾越合理界限时,会给金融信息安全造成严重威胁。

1. 数据应用侵犯客户个人隐私

交叉检验、"块数据"等技术的广泛应用,使得基于大数据的身份识别日益简单且难以察觉。近年来,金融企业对客户信息进行大量创新性应用,如分析客户消费偏好、预测客户投融资需求等。与此同时,这些创新也容易跨越雷池,过分挖掘私人信息,对客户的隐私造成侵犯。

2. 数据监听威胁国家金融安全

一些信息安全事件表明,海量数据收集配合深度数据挖掘的大数据监听模式可以对他国重要机构进行精确监听。无论是软硬件设施还是数据服务,如果金融企业过度依赖国外厂商,在信息传输的各个环节,其内部信息可能会泄露给国外机构,从而成为大数据监听的受害者,威胁国家金融安全稳定。

3. 日益复杂的数据侵入

大数据技术的广泛运用为黑客攻击金融企业提供了更多的机会。一方面,黑客可以利用大数据技术同时控制上百万台机器并发起进攻,其效果强于单点攻击。另一方面,由于大数据的价值密度小,安全分析工具难以对价值点进行精确保护,隐藏在大数据中的黑客攻击会误导安全检测,给网络安全分析带来困难。

12.1.2 金融信息安全的挑战

1. 金融科技巨头可能会形成数据垄断

金融科技巨头凭借其在互联网领域的固有优势,掌握了大量数据,客观上可能会产生数据寡头的现象,可能会带来数据垄断。数据资源集中分布在少数机构中,有些机构掌握电商交易数据和金融数据,有些机构掌握集团的传统金融机构数据和互联网金融平台的金融数据,有的机构则依托大股东掌握了大量线下交易数据,还有的机构通过合作的方式掌握了合作企业的数据。

2. 存在数据孤岛现象,数据融合困难

金融部门和企业都面临数据孤岛难题。大数据时代,数据已经成为核心资源,企业出于保护商业机密或者节约数据整理成本的考虑而不愿意共享自身数据,金融部门也缺乏数据公开的动力。数据孤岛现象的存在,将导致大数据信用评估模型采用的数据维度和算法不同,大数据征信模型的公信力和可比性容易遭到质疑。

3. 数据安全和个人隐私保护难度升级

由于相关的法律法规体系尚不健全,导致数据交易存在许多不规范的地方,甚至出现数据非法交易和盗取信息的现象。数据获取主要有以下方法:自有平台积累、交易或合作获取、技术手段获取、用户自己提交等。数据来源复杂多样加大了用户隐私泄露的风险,主要表现在:①我国金融大数据行业的发展在很大程度上得益于互联网应用场景的发展,而大数据从互联网应用场景向金融领域的转移通常发生在金融科技企业集团的内部,这个过程缺乏监管和规范,可能会侵犯用户的知情权、选择权和隐私权;②应用数据存在多重交易和多方接入的可能性,隐私数据保护的边界不清晰;③技术手段的加入,加大了信息获取的隐蔽性,一旦出现隐私泄露纠纷,用户将面临取证难、诉讼难的问题;④大数据采集数据的标准不一,用户的知情权、隐私权可能受到侵犯。可见,在大数据环境下,个人数据应用的隐私保护是一个复杂的消费者权益保护问题,涉及道德、法律、技术等诸多领域。

12.2 大数据与金融安全

12.2.1 金融情报机构

美国财政部于1968年成立金融情报办公室,协调政府部门及相关机构间的金融情报工作与共享。为实现金融情报的国际共享与合作,1990年反洗钱金融行动特别工作组(Financial

Action Task Force on Money Laundering,FATF)提出建立金融情报机构(Financial Intelligence Units,FIU),负责金融情报信息监测、政府协调合作及情报交流。

根据货币基金组织和世界银行的研究报告《金融情报机构综述》(2004年),金融情报机构主要分为四种类型:行政型、执法型、司法型或诉讼型和混合型,四类金融情报机构均具有接收分析以及移送金融情报的核心职能,但又各有特点。

1. 行政型金融情报机构

行政型金融情报机构是指金融情报机构是国家行政机构的组成部分,在执法和司法机构以外行政机构的监督或行政管理之下。美国、加拿大、法国、比利时、韩国、日本、印度尼西亚等国家的金融情报机构就属于这种类型。这种类型的金融情报机构有较高的行政权力,有些国家的金融情报中心还被赋予部分行政调查和行政处罚权,在报告机构和执法机构之间起到中心枢纽的作用。行政型金融情报机构具有以下三个特点:

(1) 具有较高的行政权力,但不具有执法和司法权力,独立性、权威性有所不足。行政型金融情报机构是国家行政机构的组成部分,这使其有较高的行政权力,有些国家的金融情报机构还具有部分行政调查权和处罚权,但这也更易受行政当局的直接监管,导致独立性不足。与执法型金融情报机构以及司法型金融情报机构相比,行政型金融情报机构的相关措施执行存在一定程度上的延误,且无一系列法定取证权力,其权威性受到一定影响。

(2) 具有中立性,增强了报告主体的报告意愿。行政型金融情报机构作为报告机构与执法机构之间的桥梁,避免了报告主体直接面对执法及司法机构的心理抵触情绪,其中立性特征加强了与报告主体的相互沟通理解,可以增强监管政策贯彻落实的有效性。而执法型、司法型金融情报机构既是情报的收集管理者,也是情报的使用者,往往倾向于调查而不是预防,这使得报告机构不太愿意将仅仅是可疑的信息用于犯罪调查。

(3) 具有技术性和专业性,情报交流顺畅。行政型金融情报机构作为专业情报数据分析部门,情报交流规范、便捷、专业和保密,加之其具有中立性特征,使其更容易与其他各种类型的金融情报机构交换信息。

2. 执法型金融情报机构

执法型金融情报机构是指一国或地区的金融情报机构设立在执法机构内,英国、德国、新西兰、新加坡、中国香港等国家(地区)的金融情报机构采用这种类型。执法型金融情报机构可通过执法机关对报送的可疑线索或严重经济金融犯罪进行司法调查。如英国的金融情报机构负责收集、分析与犯罪收益和恐怖融资有关的可疑交易报告,识别犯罪资产,开展对未知犯罪或恐怖活动的先期调查,向执法部门提供线索,并提供协助以打击洗钱和恐怖活动。

执法型金融情报机构要求各情报报送主体设置反洗钱报告,报送主体在对客户处各种金融交易时,需要审查这些交易是否有明显的经济或合法理由,尽可能核查这些交易的背景和目的,由报送机构根据实际情况判断交易的可疑性。金融情报机构既是情报的收集和管理者,也是情报的使用者,金融情报机构收集到可疑交易信息后,就可以通过金融情报机构系统查询情报,调用详细资料和案件卷宗,对可疑对象进行查询,同时在确定可疑对象之后,能够及时展开调查。

执法型金融情报机构不仅具有可疑交易信息情报的收集和分析职能,还赋予了金融情报机构调查、冻结和查封可疑人员银行账户、传唤证人甚至直接逮捕罪犯等执法权力,能够对洗钱和其他严重犯罪的迹象做出快速的反应。基于主观标准的可疑报告制度增强了情报信息报送机构的主动性,避免了违法犯罪人员针对公开的报送标准进行刻意规避,而且可以节省成本,有效利用有限的司法资源,提高信息的质量。但执法型金融情报机构要求报送机构员工具有较高的业务素养和执法自觉性,在与情报信息报送主体的沟通方面存在一定的困难,而且执法型金融情报机构往往只倾向于关注调查而不是采取预防措施。

3. 司法型金融情报机构

司法型金融情报机构建立在国家的司法系统里,并且通常具有检察部门的权限。大陆法系的国家通常会选择这种设置,澳大利亚、塞浦路斯、卢森堡、泰国等国的金融情报机构采用这种类型。如澳大利亚交易报告和分析中心是根据澳大利亚国会1988年颁布的《金融交易报告法》,经澳大利亚联邦议会批准设立的,由澳大利亚国家司法和海关部部长负责,是联邦总检察长办公室的下属机构之一。澳大利亚交易报告和分析中心属于司法型金融情报机构。

按照法律规定,情报报送主体将大额现金交易、可疑交易及其他相关信息报送给金融情报机构后,由金融、法律、情报、计算机方面的专家和警察局、国家税务总局、国家犯罪局、海关等相关部门派驻的专员共同组成一个专门的分析机构,对收集的金融情报进行分析,且在主要城市设置联络员,专门负责与当地执法部门的联络。

司法型金融情报机构具有高度独立性,不受政治干预,可以直接交给授权机构去进行调查或诉讼,独立行使自己的各项职能。如查封资产,冻结账户,进行审问、拘留和搜查,使反洗钱工作具有实效性,从而减少犯罪行为的发生和由此可能造成的损失。但司法型金融情报机构往往倾向于调查而不是采取预防措施,在与非司法型或非诉讼型金融情报机构交换信息时可能会存在困难,且要获得金融机构那些未报告交易的数据通常要通过正式的调查程序。

除上述三种类型的金融情报机构外,还有一种混合型金融情报机构,如一些金融情报机构结合了行政型和执法型金融情报机构的特点,还有一些金融情报机构将海关和警察部门的权力结合在一起,如丹麦和挪威的金融情报机构采用这种形式。

12.2.2 中国反洗钱监测分析中心

中国反洗钱监测分析中心是中国政府根据联合国有关公约的原则、反洗钱金融行动特别工作组(FATF)的建议以及中国国情建立的行政型国家金融情报机构(FIU),隶属于中国人民银行,负责接收、分析和移送金融情报。中国反洗钱监测分析中心在监测实践中,主要分为资金信息监测实践和社会信息监测实践两个部分。

1. 资金信息监测实践

(1)依托反洗钱机制,地方处非职能部门与属地人民银行分支机构建立合作,由金融机构利用系统筛查、人工审查和柜面发现相结合的方式,排查疑似非法集资线索并及时报告。

(2)依托机构业务系统,梳理非法集资监测识别点,通过人工智能系统处理加工,形成资金异动监测预警统一模型,并嵌入金融机构业务系统,由金融机构梳理可疑交易并报送疑似非法集资风险报告。

(3)直采交易数据模式,地方建立资金监测系统,对涉嫌非法集资犯罪的交易线索进行实时分析。这便于根据地域差异调节系统参数设置,打破了本地区金融机构间数据壁垒,有利于直观监测辖内相关资金流量。

2. 社会信息监测实践

借助基层行政力量、社群力量或第三方力量,加大重点场所的现场排查力度。如将基层网格员、楼宇物业管理员、金融机构网点营业员吸收为涉非"情报员",将监测触角延伸至社会各个角落。

实践表明,单纯依靠资金信息或社会信息进行监测,均难以取得良好效果。只有把两种监测数据和方式有机结合,将结果进行横向比对验证,才能精准定位并全面描绘风险线索。

12.3 我国大数据与金融信息安全的监管建议

12.3.1 完善金融机构监测预警工作机制

1. 明确工作主体

各类金融机构,如银行、券商、保险、信托等,以及地方金融企业,如小额贷款公司、典当行等,均应承担金融信息监测预警的职责。

2. 落实防控职责

各类金融机构与地方金融企业可以建立专门的工作机制并设立领导小组和工作小组,切实承担金融信息安全防控责任。

3. 规范报送路径

各部门发现的威胁金融信息安全的线索,可以经过一定程序的核查后报送至金融监管部门。

4. 强化激励约束

金融监管部门在日常应加强指导督促,与各级处非职能部门协同建立激励问责制度,对未落实监测防控要求的,监管部门可以依法对相关机构和责任人予以处罚,并采取加大现场检查频次或设立专项检查计划等措施。同时,对于防控较好的部门,给予奖励。

12.3.2 多措并举,解决数据孤岛问题

1. 国家层面建立反洗钱主管部门与其他部门常态化数据交换机制

利用共享数据平台,打破部门间数据孤岛,共享涉及违法资金交易的线索并对重大疑点共同研判,形成自上而下各级部门与同级反洗钱部门之间的数据共享机制。

2. 构建可疑数据归集筛查机制

在报送模式方面,建立监管机构与各金融机构总部之间纵向数据的共享机制,形成全国涉非交易线索库。

3. 建立信息反馈回应机制

监管部门实施黑名单、灰名单管理制度,定期向金融机构反馈名单信息,对黑名单、灰名单

信息实施分级管控制度,防范各类风险。

4. 提升大数据信息安全技术

加快突破大数据信息安全保障技术,提升安全产品保障能力。同时,对基于大数据的网络攻击追踪方法进行相关研究,从而使大数据的安全技术得到提升。

12.3.3 构建统一数据标准的非法集资监测模型

制定资金监测要点,且可以根据形势变化以及数据反馈情况不断更新迭代,形成统一的数据标准。监测要点的主要内容为:①依照模型,在海量的账户数据中筛选符合违法交易特征的交易账户,初步框定主体范围;②结合外部数据查询分析相关主体的基本信息、社会关系、经营情况、集资手法及宣传名目等,以资金流带动信息流,以信息流验证资金流,综合研判违法风险;③在基础模型之上,由金融机构结合自身业务特点,进一步叠加特色识别点,差异化设定监测阈值,并通过奖惩机制激发机构优化模型。

12.3.4 细化金融机构职责,严防风险传染

金融机构是保障金融信息安全稳定的主力军,在具体业务中可以从以下几个方面强化落实职责:①强化客户风险识别,各机构以充分了解客户为原则,利用内外部数据,落实客户风险审查;②高质高效上报可疑线索,并积极配合司法机关开展案件调查侦办;③强化员工管理,建立网格化管理模式,做好员工异常行为监测预警、常态排查与隐患清理;④强化印章及场所管理,严格用印审批、用印管控、印章保管,将关键印章纳入机控管理,同时加强办公场所访客和人员管控,防范内外部人员利用机构印章、网点、柜面、交易渠道等开展非法集资活动;⑤强化舆情管理,开展全媒体非法集资舆情的监测活动,及时处置内外部机构利用金融机构名义进行虚假宣传等情况。

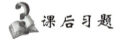

课后习题

一、名词解释

行政型金融情报机构　　执法型金融情报机构　　司法型金融情报机构

二、简述题

1. 简述大数据技术对信息安全的威胁。
2. 简述行政型金融情报机构的特点。
3. 简述大数据对金融信息安全的保护。

参考文献

[1] 陈海虹,黄彪,刘峰,等.机器学习原理及应用[M].成都:电子科技大学出版社,2017.
[2] 李天目.大数据云服务技术架构与实践[M].北京:清华大学出版社,2016.
[3] 陈潇潇,王鹏,徐丹丽.云计算与数据的应用[M].延吉:延边大学出版社,2018.
[4] 叶谦,常胜,黄萍,等.征信理论与实务[M].北京:高等教育出版社,2015.
[5] 武志学.大数据导论[M].北京:人民邮电出版社,2019.
[6] 张云.大数据金融[M].北京:中国财政经济出版社,2020.
[7] 彭进香.大数据处理技术与应用[M].北京:清华大学出版社,2020.
[8] 中国互联网金融安全课题组.中国互联网金融安全发展报告2016[M].北京:中国金融出版社,2017.
[9] 李鸿昌,范实秋.互联网金融实务[M].南京:南京大学出版社,2017.
[10] 何冰,霍良安,顾俊杰.数据可视化应用与实践[M].北京:企业管理出版社,2015.
[11] 郭福春,史浩.互联网金融基础[M].北京:高等教育出版社,2017.
[12] 李联宁.大数据技术及应用教程[M].北京:清华大学出版社,2016.
[13] 孙国锋.金钉子:中国金融科技变革新坐标[M].北京:中信出版社,2019.
[14] 何平平,车云月.大数据金融与征信[M].北京:清华大学出版社,2017.
[15] 何诚颖.智能金融变革[M].北京:中国财政经济出版社,2018.
[16] 谷来丰,陈颖,张云峰,等.互联网金融[M].上海:上海交通大学出版社,2015.
[17] 梁建宏.大数据时代思想政治教育环境新论[M].北京:光明日报出版社,2015.
[18] 蒋致远,陈工孟,李江海.互联网金融概论[M].北京:电子工业出版社,2019.
[19] 边洁英.大数据环境下跨境电商发展前景研究[M].长春:吉林人民出版社,2019.
[20] 于立新.互联网金融理论与实务[M].北京:中国水利水电出版社,2017.
[21] 郭福春,陶再平,吴金旺.互联网金融概论[M].2版.北京:中国金融出版社,2018.
[22] 苏广文,何鹏举,张乐芳,等.移动互联网应用新技术[M].西安:西安电子科技大学出版社,2017.
[23] 唐明琴,缪铁文,叶湘榕.征信理论与实务[M].北京:中国金融出版社,2015.
[24] 刘晓星.大数据金融[M].北京:清华大学出版社,2018.
[25] 赵眸光,赵勇.大数据数据管理与数据工程[M].北京:清华大学出版社,2017.
[26] 陈建可,礼翔.金融科技重塑金融生态新格局[M].天津:天津人民出版社,2019.
[27] 百瑞信托博士后科研工作站.信托研究与年报分析2017[M].北京:中国财政经济出版社,2017.
[28] 庞引明,张绍华,宋俊典.互联网金融与大数据分析[M].北京:电子工业出版社,2016.

[29] 高广阔.投资学[M].北京:清华大学出版社,2019.

[30] 牛淑珍,齐安甜,潘彦.互联网金融理论与案例分析[M].上海:复旦大学出版社,2018.

[31] 张德海,张德刚,何俊.大数据处理技术[M].北京:科学出版社,2020.

[32] 丁鹏.量化投资策略与技术[M].北京:电子工业出版社,2016.

[33] 王玉宝.证券投资学[M].北京:中国金融出版社,2018.

[34] 梅宏.大数据发展现状与未来趋势(上)[J].交通运输研究,2019(12):14-19.

[35] 陈强,代仕娅.大数据、AI平台支撑下的智慧金融产品研发与实践[J].软件导刊,2021,20(2):31-39.

[36] 张立光,胥凤红,张佳娟.行政型国家金融情报机构数据分享机制:基于美国经验的借鉴[J].金融与经济,2019(10):79-83.

[37] 谢雨菲.互联网征信体系建设的国际经验借鉴[J].华北金融,2019(7):28-33.

[38] 孙国锋.金融大数据应用的风险与监管[J].清华金融评论,2017(10):93-96.

[39] 王涛.世界金融情报机构的类型与比较[J].海南金融,2014(8):58-62.

[40] 杨竑.央行大数据建设与应用展望[J].金融电子化,2017(9):10-13.

[41] 冯一洲.人行成都分行金融综合统计大数据平台建设实践[J].中国金融电脑,2020(1):454-49.

[42] 王闯.欧盟数据战略的解析与启示[J].软件和集成电路,2020(5):57-59.

[43] 任文静,欧湘蓉.互联网金融与大数据应用[J].智富时代,2016(12):1.

[44] 高尚.基于客户感知价值的颗粒化精准营销研究:以商业银行信用卡业务为视角[J].财务与金融,2018(4):14-9.

[45] 姚志毅,孙友珍,王浩洋.互联网金融反欺诈问题及应对策略[J].现代商业,2020(4):132-133.

[46] 李可心.浅谈如何保障大数据时代金融信息安全[J].时代金融,2017(10):32.

[47] 唐云霞,胡滟.区域金融云大数据应用平台建设与管理研究[J].时代金融,2017(9):69-70,74.

[48] 孟祥宝,谢秋波,刘海峰,等.农业大数据应用体系架构和平台建设[J].广东农业科学,2014,41(14):173-178.

[49] 魏凯,闫树.美欧发布数据战略对我国的启示[J].信息通信技术与政策,2020(4):12-14.

[50] 闫禹,冯海文.保险业CRM中数据挖掘技术的应用研究[J].辽宁大学学报(自然科学版),2009,36(3):232-235.

[51] 程述汉,毕燕东,束怀瑞.苹果产业大数据应用体系架构设计[J].落叶果树,2018,50(3):1-4.

[52] 陈海燕.简论现代经济下的融资租赁[J].商情,2013(41):154-16.

[53] 王耀文.刍议现代经济下的融资租赁[J].科学与财富,2015(3).

[54] 陈春霞.浅析机器学习的发展与应用[J].信息系统工程,2017(8):137-138.

[55] 2014年中国金融大数据应用白皮书[J].国际融资,2014(11):224-26.

[56] 高尚.数字化转型背景下零售银行发展创新研究[J].现代金融,2020(7):11-14.

[57] 周静,余浩然,谢谊,等.大数据与政府部门统计工作融合建库的应用研究[J].重庆行政(公共论坛),2020(6):464-48.

[58] 王其富,王孟平,高岩.大数据与物联网融合在农业领域的应用[J].创新科技,2018,18(11):78-80.

[59] 王超.农业大数据文献综述[J].商,2014(37):235-236.

[60] 徐瀚.大数据时代的保险的风控进化论[J].上海保险,2019(11):32-34.

[62] 孟雁北.论大数据竞争带给法律制度的挑战[J].竞争政策研究,2020(2):5-17.

[63] 刘曦子.大数据能力影响互联网金融平台企业竞争优势机理研究:基于商业模式视角[D].北京:对外经济贸易大学,2018.